29.80

Elmar Gruber

Sonntagsgedanken

*Betrachtungen und Gebete
für alle Sonn- und Festtage*

Lesejahr B

Don Bosco

Elmar Gruber ist Referent für die religionspädagogische Aus- und Fortbildung von Katechet/inn/en und Religionslehrer/inne/n im Schulreferat der Erzdiözese München und Freising. In seinen zahlreichen Veröffentlichungen bietet er spirituelle Impulse, die seit vielen Jahren Christ/inn/en helfen, sich selbst in ihrer religiösen Bestimmung zu finden.

Bereits vorliegend: **Sonntagsgedanken, Lesejahr A**
ISBN 3-7698-1119-4
In Vorbereitung: Sonntagsgedanken, Lesejahr C

Die Deutsche Bibliothek – CIP-Einheitsaufnahme

Gruber, Elmar:
Sonntagsgedanken : Betrachtungen und Gebete für alle
Sonn- und Festtage ; Lesejahr B / Elmar Gruber. –
1. Aufl. – München : Don Bosco, 1999
ISBN 3-7698-1177-1

1. Auflage 1999 / ISBN 3-7698-1177-1
© 1999 Don Bosco Verlag, München
Umschlag: Margret Russer
Layout: Felix Weinold
Satz: Fotosatz Miehle, Augsburg
Druck und Weiterverarbeitung:
Druckerei Gebr. Bremberger KG, München

INHALT

Einführung	7
Der Advent	11
Die Weihnachtszeit	26
Die Fastenzeit	61
Die Osterzeit	99
Die Herrenfeste im Jahreskreis	142
Die Sonntage im Jahreskreis	165
Inhaltsübersicht	324
Übersicht der Sonntage und beweglichen Hochfeste und Feste	334

Einführung

Die ausführliche Einführung zu den Sonntagsgedanken im Lesejahr A gilt im wesentlichen auch für die Sonntags-gedanken im Lesejahr B. Die Gedanken wollen helfen, den christlichen Glauben zu bestätigen und zu vertiefen. Dadurch soll die Gewißheit und das Bewußtsein gestärkt werden, daß wir „mit ewiger Liebe", das heißt mit be-dingungsloser, grenzenloser und unverlierbarer Liebe geliebt sind. Aus diesem Bewußtsein entspringt die un-zerstörbare Freude und Hoffnung. Das fehlende Urver-trauen, das Fehlen dieses Bewußtseins, ist bei vielen Men-schen die Ursache ihrer Depression und Verzweiflung. Für den Glaubenden wird sichtbar, daß Selbstfindung und Sinnfindung ohne Glauben an die absolute Liebe nicht möglich sind.

In der Bibel finden wir die *Bestätigung* und die reiche Ausgestaltung dieses Glaubens. Der *Grund* und der Ursprung dieses Glaubens liegt in der Selbsterfahrung des Menschen – zunächst in der Sehnsucht des Menschen: Alle Menschen sehnen sich nach absoluter Liebe und Geborgenheit. In den „Sternstunden" des Lebens, die wir auch im Leid erfahren können, tritt diese Liebe in Er-scheinung. In einem „Urakt des Glaubens" kann diese Liebe als absolute bedingungslose „Ja-Kraft" („Energie") erkannt werden. Wer an die absolute Liebe glaubt, kann in der Jesusgestalt die Verkörperung und die Offenbarung

EINFÜHRUNG

dieser Liebe erkennen. Wem der Urglaube an die absolute Liebe fehlt, kann auch in der Bibel keine objektive Begründung dafür finden; denn je nach Einstellung kann man aus der Bibel alles herauslesen, was man will. Die Bibel kann als „Wort Gottes" nur den Menschen ansprechen, der den „Urglauben" an die Liebe mitbringt – oder wenigstens die Bereitschaft dazu.

Die schwierigsten Glaubensprobleme, die mit dem Leid und dem Bösen in der Welt gegeben sind, können nur durch einen Glauben an eine immer „noch größere Liebe" erträglich werden (vgl. Augustinus: „deus semper maior" = „Gott ist immer größer").

Die Macht des Bösen in der Welt zeigt sich besonders darin, daß Feindbilder und Fundamentalismen praktisch mehr Kraft haben, die Menschen zu vereinen, als der Glaube an die absolute und universale Liebe, obwohl sich alle nach dieser Liebe sehnen.

Auch Haß und Fanatismus geben vielen Menschen die Kraft, ihr Leben zu „opfern". Der Grund für diesen Widerspruch liegt wohl darin: Wenn ich an die absolute Liebe glaube oder glauben will, *muß ich mich ändern:* Ich kann nicht mehr „mit Recht" hassen. Der Glaube an die absolute Liebe bringt für mich ein völlig neues Denk-, Lebens- und Handlungsprinzip. Solange ich Feindbilder und fundamentalistische Prinzipien habe, brauche ich mich nicht zu „bekehren". Ich finde immer „gerechte Gründe", um Haß, Rache und Vergeltung zur Auswirkung kommen zu lassen.

Besonders das Markusevangelium will uns Jesus als den „Sohn Gottes", das heißt praktisch: als die Verkörperung der ewigen Liebe, darstellen und nahebringen. Er nimmt unser haßbestimmtes Menschsein auf sich, um ihm die Liebe einzuimpfen. Er gibt sein irdisches Leben hin aus Liebe, um zu zeigen und zu bezeugen, daß es die Liebe gibt, die stärker ist als der Haß. Gott kann uns immer „leiden", das heißt bedingungslos lieben, damit auch wir uns und einander durch die Kraft seiner Liebe „leiden" können. Er vergießt sein Blut aus Liebe, damit wir unser Blutvergießen beenden. – Wenn sich die Liebe Gottes in unserer Welt auch noch nicht durchsetzt, weil unser freier Wille noch zu wenig auf Gott eingestellt ist, so ist sie doch *da* und gibt uns die Hoffnung, daß am Ende alles gut wird. Gott greift nicht ein mit Gewalt, aber er hat alles in seiner Hand. Gott greift nicht ein, aber er bewirkt letztlich alles in allem durch die Macht seiner Liebe.

Ursprung und Ziel des ganzen Evangeliums ist die Liebe Gottes. Sie ist die Mitte, aus der alles kommt und zu der alles hinführt. Überschneidungen, Variationen und manche Wiederholungen von Gedanken haben den Sinn, diese Mitte möglichst klar bewußt zu machen. An den Hauptfesten finden wir in allen drei Lesejahren dieselben

EINFÜHRUNG

Texte. Dies soll dazu anregen, dieselben Texte unter verschiedenen Gesichtspunkten zu betrachten.

Die Hauptüberschriften sind meistens dem Schott-Meßbuch entnommen; sie geben eine wichtige Aussage der Perikope wieder. Die nachstehende Überschrift weist auf die Verbindung mit dem praktischen Leben hin. Die Betrachtungen münden abschließend in ein kurzes Gebet.

Elmar Gruber

Erster Adventssonntag (Mk 13,24–37)

„Seid also wachsam!
Denn ihr wißt nicht, wann der Hausherr kommt."

Auf Gott hoffen

„Solange ich atme, hoffe ich" –
so lautet ein weiser Spruch der alten Römer
(„dum spiro spero").
„Wir sind gerettet,
doch in der Hoffnung.
Hoffnung aber, die man schon erfüllt sieht,
ist keine Hoffnung" –
so lesen wir bei Paulus *(Röm 8,24)*.

Mein jetziges Glück
wird bestimmt von meiner Hoffnung.
Das Wort „hoffen" bedeutet „hoppen", „hüpfen".
Wenn ich hoffe, „hüpfe" ich innerlich
aus meiner gegenwärtigen Situation heraus
in eine zukünftige, die noch gar nicht da ist,
von der ich aber jetzt schon lebe,
die mein jetziges Denken, Fühlen und Handeln bestimmt.

ERSTER ADVENTSSONNTAG

Worauf, auf wen hoffst du;
worauf, auf wen wartest du? –
Das sind die entscheidenden Fragen
für meine Gegenwart.
Für viele Menschen ist das irdische Leben
ein Warten auf jemand, der nie kommt –
auf etwas, das es irdisch letztlich nicht gibt.
Dies wird sichtbar
in den vielen Ent-täuschungen des Lebens.
Aus diesen Enttäuschungen
entstehen häufig Frust und Lebensverdrossenheit.
In der Hoffnungslosigkeit
geht der Sinn jeden Lebens verloren.
Manche Menschen, die sich für weise halten,
wollen uns weismachen:
Das Leben hat keinen Sinn;
du mußt den Sinn des Lebens selber machen.
Sie verschweigen,
daß jeder selbstgemachte Lebenssinn
an der Todeswirklichkeit zerschellt.

Die Fähigkeit zu hoffen
entspringt unserer Sehnsucht nach Liebe,
die nicht machbar ist
und die nicht von den Dingen kommt.
Unsere Sehnsucht greift über das Irdisch-Vergängliche
hinaus.
Die Hoffnung auf Erfüllung dieser Sehnsucht

ERSTER ADVENTSSONNTAG

gibt dem Erdenleben seinen Sinn.
Im Warten und im Harren auf das Ewige
beginnt jetzt schon die Erfüllung unserer Sehnsucht,
die im Tod vollendet wird.

Gott ist Mensch geworden,
um uns ganz menschlich
die ewige, grenzenlose Liebe zu zeigen und zu bezeugen.
Er ist Mensch geworden,
damit wir Hoffnung haben,
daß letztlich *alles* gut wird,
weil er alles in seinen Händen hält,
auch das, was uns jetzt noch
als sinnlos, lieblos und undurchsichtig erscheint.
Seine Menschwerdung
gibt uns die Hoffnungsgewißheit,
daß sich die Sehnsucht nach Liebe
für alle Menschen erfüllt.
Diese Hoffnungsgewißheit bewahrt uns davor,
daß wir unsere Sehnsucht nach Gott
mit irdischem Konsum sättigen und stillen wollen
und in der Hoffnung scheitern.

In der Hoffnung auf Gott
werden auch die Zeichen des Untergangs
zu Zeichen neuen Lebens.
Das Bild vom Feigenbaum soll uns erkennen helfen:
Im Untergang fließt schon der Saft,

ERSTER ADVENTSSONNTAG

der zu neuer Blüte führt.
Jedes Leid trägt in sich den Keim zu seiner Überwindung.
In jedem Tod ist Leben.
In jedem Untergang wird Gott
ganz neu aufgehen und in Erscheinung treten.

Herr,
auf dich hoffe ich.
Erfülle mein Leben mit der Gewißheit
deiner grenzenlosen ewigen Liebe
und bewahre mich vor der Versuchung,
daß ich meine Sehnsucht nach dir
stillen möchte mit vergänglichen Dingen.

Zweiter Adventssonntag (Mk 1,1–8)

„Bereitet dem Herrn den Weg!"

Gott kommen lassen

Wege, Straßen sind Einrichtungen, die verbinden;
sie befreien von Isolation und Abgeschiedenheit;
sie ermöglichen den Verkehr
und das Zusammenkommen.
Mein Weg und dein Weg ist derselbe,
wenn ich zu dir komme
oder wenn du zu mir kommst,
wenn wir uns bei mir oder bei dir treffen.
Die Wege aber nützen nichts,
und sie versteppen,
wenn sie nicht gegangen werden.

Andererseits entstehen Wege durch das Gehen:
Wenn ich in Gang komme und gehe,
ist die Strecke, die ich gehe, mein Weg.
Wenn ich die Strecke immer wieder gehe,
wird sie zum „ausgetretenen" Pfad,
auf den ich mich verlassen,
zum Weg, den ich auch anderen empfehlen kann.
(Wenn ich z.B. regelmäßig bete, faste, feiere,

Zweiter Adventssonntag

regelmäßig heilige Orte besuche,
dann wird diese Übung zum festen Weg,
auf dem ich zu Gott komme und Gott zu mir.)

Der Prophet sagt:
In der Wüste, in der Steppe
bahnt dem Herrn einen Weg.
Die Wüste meines Lebens ist der Ort,
in den Gott kommen will
und in dem ich Gott begegnen werde.
Durch Gott erwarten
und durch Gott entgegengehen
kann ich dem Herrn den Weg bereiten.
Ich brauche nicht fliehen aus meiner Wüste,
denn Gott kommt *in* meine Wüste,
und dann wird die Wüste „blühen".
Sie wird verwandelt in einen „blühenden Garten".

In biblischer Zeit galt die Wüste als Ort,
wo die Dämonen hausen.
Gott wird die „wüsten" Kräfte in mir,
die alle meiner Angst und Ungeborgenheit entspringen,
Haß, Neid, Eifersucht, Rache …
heilen und in heilende Kräfte verwandeln.

In der Lesung beschreibt der Prophet noch genauer,
wie das Wegbereiten geht:
„Jedes Tal soll sich heben,

ZWEITER ADVENTSSONNTAG

jeder Berg und Hügel sich senken.
Was krumm ist, soll gerade werden,
und was hüglig ist, werde eben.
Dann offenbart sich die Herrlichkeit des Herrn".
(Jes 40,4 und 5)

Auf dem Weg zu Gott,
auf dem Weg Gottes zu uns,
gibt es Hindernisse,
die nur unsererseits bestehen:
Die „Berge" unserer falschen Gottesvorstellungen.
Muß ich in meiner Wüste nicht Angst bekommen
vor einem strafenden Rachegott?
Die „Täler" unserer unlösbaren Lebensprobleme:
Wie kann es einen liebenden Gott geben
angesichts des unsäglichen Leids in der Welt
und angesichts der furchtbaren Grausamkeit
der Menschen?
Die „krummen" Touren unseres Lebensweges:
Wie kann Gott zu mir kommen
angesichts meiner Bosheit, Schuld und Sünde?

Von Gott her gesehen
sind das für sein Kommen keine Hindernisse.
Im Hinblick auf Gott, den ich erwarte,
kann ich die Hindernisse beseitigen,
indem ich sie im Vertrauen auf seine Liebe
annehme und stehen lasse;

ZWEITER ADVENTSSONNTAG

denn für das Kommen Gottes ist alles *gleich* und *eben*.
Unsere Berge, Täler und die krummen Touren
sind für ihn kein Hindernis,
weil er dies alles überwindet,
wenn ich ihn kommen lasse.

Herr,
ich bin bereit für deine Wege.
Laß meine Wege deine Wege
und deine Wege meine Wege werden.

DRITTER ADVENTSSONNTAG (JOH 1,6–8.19–28)

„Mitten unter euch steht der, den ihr nicht kennt."

Gott erkennen

„… den ihr nicht kennt",
weil ihr ihn nicht an-erkennt!
Man kann Gott, Jesus, nur erkennen,
wenn man ihn an-erkennt.
Gewöhnlich erkennen wir etwas zuerst mit der Vernunft,
bevor wir es anerkennen.
Bei Gott ist es umgekehrt:
Erst wenn ich ihm im Glauben begegne
und ihn anerkenne,
kann ich ihn immer mehr mit meiner Vernunft erkennen.
„Ich glaube, damit ich erkenne".
Darum kann ich Gott
mit vernünftigen Argumenten und Beweisen
zunächst nicht vermitteln,
sondern nur durch das Zeugnis des gelebten Glaubens.

Andererseits gibt es aber doch
allgemeine menschliche Erfahrungen und Einsichten,
die zum Glauben führen können:
Ich habe Sehnsucht und weiß nicht wonach;

DRITTER ADVENTSSONNTAG

ich hoffe und weiß nicht worauf;
ich erlebe Augenblicke des Glücks
und weiß nicht warum;
ich gehe und weiß nicht wohin.
In meinen Enttäuschungen erlebe ich immer wieder,
daß ich meine Sehnsucht
aus eigener Kraft und mit irdischen Gütern
nicht stillen kann.

„Unruhig ist unser Herz, bis es ruht in dir":
Die Unruhe, Sehnsucht des Herzens,
die jeder Mensch erfährt,
deutet Augustinus als Sehnsucht nach Gott.
Aber wer oder was ist dieser „Gott",
den Augustinus und mit ihm viele andere
als Ziel unserer Sehnsucht und Hoffnung erkennen?
Das Wort „Gott" (von „gout" = schreien, rufen) besagt:
Gott ist das oder der,
nach dem alle Menschen schreien, rufen.
Aber was ist das?
Wenn wir die Erfahrung unserer Sehnsucht
und die Sternstunden unseres Glücks,
die wir in Freude und Leid haben können, befragen,
können wir erkennen:
Alle Menschen sehnen sich nach Liebe,
nach unbedingter, unverlierbarer, grenzenloser, ewiger
Liebe.

DRITTER ADVENTSSONNTAG

In unserer Sehnsucht
und in den erfüllten Augenblicken unseres Lebens
wird diese Liebe „ersichtlich".
Aber gesehen wird sie erst,
wenn der Mensch,
der die Liebe als nicht selbstgemachtes Geschenk erlebt,
an sie glaubt.
Gott ist die Liebe – diese Liebe ist Gott.
Somit wird Gott ein Deutewort für erfahrene Liebe.
Dieser Glaube an „Gott" ist grundsätzlich
jedem Menschen möglich –
vor aller Religion, Tradition
und theologischer Interpretation.
Wer diesen „Gottesglauben" hat,
kann Jesus anerkennen
als die menschliche Verkörperung der ewigen Liebe,
als die Erfüllung seiner Sehnsucht.
Um meine Sehnsucht zu erkennen,
muß ich sie allerdings unterscheiden lernen
in meinem und *von* meinem Triebverlangen.

Wenn ich Jesus anerkenne,
dann erkenne ich auch,
daß Jesus damals wie heute – immer –
„mitten unter uns", – ja *in* uns ist
als unsere „Mitte",
die uns eint mit uns selbst und miteinander.
In unseren Versammlungen

DRITTER ADVENTSSONNTAG

und in der Feier der Sakramente
haben wir die besonderen Gelegenheiten zur Begegnung
mit ihm.

An meine Gotteserkenntnis
ist auch meine Selbsterkenntnis gebunden:
Je tiefer ich Gott kennenlerne als die absolute Liebe,
je mehr ich mich in Gott „aus-kenne",
desto klarer kann ich mich,
die Menschen und alle Geschöpfe
erkennen und verstehen
als die ewig geliebten Wesen,
die berufen sind, Liebe zu vermitteln.

Herr,
laß mich dich erkennen
als das Ziel meiner Sehnsucht,
damit ich dich anerkenne
als die Erfüllung und den Sinn meines Lebens.

VIERTER ADVENTSSONNTAG (Lk 1,26–38)

„Du wirst ein Kind empfangen,
einen Sohn wirst du gebären."

Fruchtbar werden

Pflanze, Tier und Mensch sind fruchtbar,
wenn sie ihr Leben weitergeben – genauer:
wenn sie das innere, ewige Leben,
von dem das irdisch-vergängliche Leben
gespeist und „be-lebt" wird,
weitergeben.

Fruchtbarkeit beginnt
mit der Offenheit und Bereitschaft für das Leben,
das nicht vom Menschen „gemacht",
sondern vom Leben selbst „empfangen" wird.

Auch wenn der Mensch glaubt,
er könne das Leben selber machen (bzw. weg-machen),
z.B. durch Klonen und Gentechnik,
so ist das doch nur ein sehr fragwürdiger Umgang
mit dem unmachbaren Leben,
den jeder selbst verantworten muß.

VIERTER ADVENTSSONNTAG

Wer in Ehrfurcht offen ist für das Leben,
wer das Leben empfängt und selbst aus dem Leben lebt,
in dem wird das Leben ganz von selbst fruchtbar;
das heißt, das Leben erhält mich am Leben,
und durch mich wird es weitergegeben.
Wer das Leben konsumhaft gebraucht und verbraucht,
wird nicht fruchtbar und bleibt nicht am Leben.
Hier wird das Jesuswort deutlich:
„Jeder, der lebt und an mich glaubt,
wird auf ewig nicht sterben" *(Joh 11,26)*.

Das Johannesevangelium sieht das Wesen Gottes
vor allem in den Wirklichkeiten von Liebe und Leben.
Johannes sieht das Wesen Gottes
in der Jesusgestalt verkörpert:
„Ich bin das Leben"; „Gott ist die Liebe";
„Der Vater ist in mir"; „Ich bin im Vater".
(„Vater" ist zu verstehen als Ursprung
von Leben und Liebe.)
Im Gleichnis vom Sämann spricht Jesus
vom „Wort Gottes",
das er als „Gottessamen" versteht,
der in fruchtbares Erdreich fällt
und dort aus eigener Kraft
hundertfältig fruchtbar wird.
Wenn ein Mensch für Gott empfänglich ist,
geht er in ihm auf und wird fruchtbar,
und so wird der Mensch selbst fruchtbar durch Gott.

VIERTER ADVENTSSONNTAG

Das Fest Mariä Empfängnis will uns deutlich machen,
daß Maria selbst schon –
und nicht nur sie, sondern eigentlich jeder Mensch –
eine „Frucht Gottes" ist.
Und wenn man „Jungfrau" und „Jungfräulichkeit"
als geistliche Begriffe versteht,
dann ist Maria, die junge Frau,
die Braut, die auf den Bräutigam wartet,
der sich ihr schenkt und in ihr fruchtbar wird
und der sie selbst in ihrer Liebe fruchtbar macht.

In uns allen will Gott
durch Jesus, die „Frucht" ihres Leibes, fruchtbar werden.
Uns alle, die Liebe von uns allen,
will Gott durch seine Liebe fruchtbar machen.
Dies geschieht dadurch,
da wir die allerbarmende Liebe Gottes (Jesus)
in uns aufnehmen und fruchtbar werden lassen,
indem wir selbst aus ihr leben
und sie an andere weitergeben.
Fruchtbar werden ist der Sinn
unseres vergänglichen Daseins.

Herr,
ich will dich empfangen,
damit deine Liebe fruchtbar wird in mir
und damit meine menschliche Liebe
fruchtbar wird in dir.

HEILIGER ABEND (MT 1,1–25)

Stammbaum Jesu Christi, des Sohnes Davids,
des Sohnes Abrahams.

Ab-stammen

Der Stamm trägt Äste, Zweige, Blätter, Blüten, Früchte;
sie alle sind sein „Ertrag".
Ohne Stamm bin ich nichts,
weil ich mich nicht selbst tragen und ertragen kann.
Ich kann mich nicht an mir selbst halten.
Ohne Stamm fehlt mir die Wurzel,
aus der ich lebe,
und aus der ich meine Art und „Echtheit" habe.
Wenn mein Stamm abbricht,
breche ich selbst ab.

Stamm und Ertrag machen sich gegenseitig erkennbar:
„An den Früchten" erkenne ich den Stamm,
und der Stamm läßt mich hoffen auf Früchte,
die ich schon im voraus kenne.

Jeder Stamm ist schließlich selbst auch ein Ertrag;
denn jeder Stamm stammt von einem Stamm,
der vor ihm war.

WEIHNACHTEN – HL. ABEND

So stammt jeder Stamm und jeder Ertrag
von einem Urstamm ab,
der sich im jetzigen Stamm wieder verkörpert
und der den jetzigen Stamm schon in sich birgt.

Diese Abstammwirklichkeit
war für Matthäus und Lukas hilfreich,
um deutlich zu machen,
wer Jesus war
und wer er immer bleiben wird als „Urstamm"
aller Geliebten
und damit als Urstamm aller Menschen
– als neuer Adam –,
weil alle Menschen
die von Gott ewig Geliebten waren, sind und bleiben.

Matthäus geht von den Anfängen zur Gegenwart.
Er will zeigen:
In Jesus ist David lebendig
und der „Stammvater" Abraham.
Diese sind in der Stammesgeschichte
zwei wichtige Menschen,
weil sie ganz nach dem Plan Gottes
und aus dem Vertrauen auf ihn gelebt haben:
Jesus ist der, der ganz aus Gott lebt.

Lukas (3,23–38) geht von der Gegenwart
zurück zu den Anfängen

Weihnachten – Hl. Abend

und gelangt zu Adam,
der unmittelbar von Gott stammt:
Jesus stammt von Gott.

Wenn man bedenkt,
daß in biblischer Zeit nur die Männer als zeugungsfähig
erachtet wurden
und die Mütter sozusagen alle nur Leihmütter waren,
kommt noch ein faszinierender Gedanke dazu:
der Bruch des Stammbaums Jesu.
Jesus wird nicht von Josef gezeugt,
sondern geboren aus Maria, der Jungfrau,
der Braut Gottes.
(Der Name „Maria" bedeutet „Geliebte Jahwes".)
Die bisherige Abstammungslinie der Stammväter
ist gebrochen
und wird abgelöst durch die Stamm-Mutter,
die einen ganz neuen Menschenstamm begründet,
den Stamm derer, „die aus Gott geboren sind" *(Joh 1,13)*
und die durch Jesus „Kinder Gottes" geworden sind.

Die Betrachtung der Herkunft Jesu
begründet ein neues Menschenbild:
Jeder Mensch stammt eigentlich und zuallererst von Gott;
die biologische Herkunft wird dadurch zweitrangig.
Dieses Menschenbild begründet ferner die Einstellung
des Menschen
zu sich selbst, zu den anderen und zur Welt.

WEIHNACHTEN – HL. ABEND

Andererseits verbietet die Betrachtung
des Stammbaums Jesu geradezu,
die Gottheit Jesu biologisch, „genetisch" zu erfassen.
Die Menschwerdung Gottes ist ein Vorgang
in der Biologie,
aber kein *biologischer Vorgang.*

Die Frage nach der biologischen Herkunft Jesu
verliert angesichts der Menschwerdung *Gottes*
an Bedeutung.
Sie kann den Glauben an die Menschwerdung
eher verdunkeln als erhellen.

Herr, mein Gott,
du bist zugleich mein Vater und meine Mutter.
Du verläßt mich nie.
Laß mich nie vergessen,
daß alle Menschen deine Kinder sind.

HEILIGE NACHT (LK 2,1–14)

„Auf Erden ist Friede bei den Menschen seiner Gnade."

Verwandelt werden

Die Krippe mit dem Kind
ist der Ursprung jener Kraft,
die die Menschen von innen her verwandelt.
Die Krippe mit dem Kind
ist der Ursprung des Friedens bei den Menschen.
Auch viele Menschen, die sich für ungläubig halten,
spüren, erahnen und fühlen irgendwie:
Im Weihnachtsfest liegt eine gewisse Zauberkraft,
die alle anrührt.
Im Kind in der Krippe
und in den vielen Weihnachtssymbolen liegt etwas,
wonach sich alle Menschen sehnen:
Liebe, Friede, Freude.
Die verwandelnde Kraft der ewigen Liebe
wird hier an der Krippe ersichtlich.
Nicht Drohung und Gewalt
verändern hier den Menschen,
sondern die „rührende" Macht der Liebe,
die durch die äußeren Zeichen
innerlich anrührt und bewirkt,

Weihnachten – Hl. Nacht

daß sich der Mensch freiwillig
und gerne selber ändert.
Alle Weihnachtsgeschichten
bringen diese Verwandlung zum Ausdruck:
Streitende versöhnen sich;
Verbrecher werden barmherzig;
Herrscher werden zu Dienern.
Die biblischen Bilder (besonders *Jes 11*),
die die Innerlichkeit des Menschen zeigen,
besagen dasselbe:
Der Löwe frißt Stroh – nicht mehr Menschen;
Wolf und Schaf wohnen miteinander –
alle Gegensätze sind eins geworden;
das Kind spielt am Schlupfloch der Natter –
alle Angst ist überwunden.
Die Macht der Liebe, die alles verwandelt, ist grenzenlos:
Alle Menschen sind „Menschen seiner Gnade".

Es ist unsere Not und Sünde,
daß wir der grenzenlosen Liebe Gottes Grenzen setzen
und dadurch ihre Auswirkung behindern.
Indem wir die Liebe Gottes eingrenzen auf die „Guten",
das heißt auf die Menschen, die *wir* für gut erklären
– wir meinen vor allem damit uns selbst! –,
schaffen wir „heilige" Feindbilder,
die im großen wie im kleinen
immer wieder zu „heiligen" und
„gerechten" Kriegen führen.

WEIHNACHTEN – HL. NACHT

Konflikte entstehen beim einzelnen wie bei Gruppen
durch das Zusammentreffen verschiedener „Eigenarten"
und Identitäten, die sich gegenseitig
ganz von selbst abgrenzen und in Frage stellen.
Der andere wird zum Feind,
weil ich mich durch sein Anderssein angegriffen fühle.

Ich sollte es gar nicht versuchen,
aus eigener Kraft meinen Feind zu lieben;
das kann niemand.
Ich brauche die Kraft der grenzenlosen Liebe Gottes,
der immer *alle* („die anderen auch") liebt,
damit ich wenigstens beginnen kann,
„entfeindende Prozesse" (*Pinchas Lapide*) einzuleiten.
Es genügt vielleicht schon,
wenn ich Gott „erlaube",
daß er auch meine Feinde liebt und ihnen verzeiht.
Diese Friedenskraft gewinne ich
aus dem Glauben an die absolute Liebe,
die sich im Jesuskind verkörpert,
und aus der Erfahrung des ewigen Geliebtseins,
die mir der Weihnachtsglaube schenkt.

Herr,
schenk mir den Glauben
an deine grenzenlose Liebe,
die Rache, Haß und Ärger
in Liebe verwandelt.

WEIHNACHTEN AM TAG (JOH 1,1–18)

Im Anfang war das Wort.

Eins sein

„Anfang" ist nicht nur zeitlich zu verstehen;
„Anfang" ist der „Ur-sprung" alles Wirklichen.
„Wort im Anfang" bedeutet:
das Innerste im Anfang ist das „Wort".
„Wort" ist sozusagen der Ursprung vom Ursprung.
Gott ist der Ursprung von allem, was es gibt,
und somit ist Gott das Wort,
zu allererst sein eigener Ursprung.
Alles Geschaffene hat ein Woher,
hat einen Ursprung außerhalb von sich.
Gott hat seinen Ursprung in sich;
er *ist* sein eigener Ursprung.
Die Bezeichnung „Wort"
für den innersten „Kern" alles Wirklichen
soll uns helfen, die „Wirklichkeit" Gottes,
die Wirklichkeit der Schöpfung
tiefer zu erahnen und zu erfassen.
In unserem Erdenleben
können wir diese Ur-Wirklichkeit
nur anfangshaft erahnen.

WEIHNACHTEN – AM TAG

Auch wenn wir Gott einmal „schauen" dürfen,
wird seine Liebe für uns Geschöpfe
ein letztlich unergründliches Geheimnis bleiben.
Das muß auch so sein;
denn könnten wir Gott jemals ergründen,
wäre er nicht mehr das, was er ist: Gott.

Was bedeutet nun „Wort"?
Die Bedeutung von „Wort" wird uns klarer,
wenn wir das Sprachfeld betrachten,
das mit „Wort" angesagt ist:
Aus-sprechen, an-sprechen, ab-sprechen;
Aus-spruch und An-spruch,
Aus-rede, An-rede, Ab-rede …;
hören, an-hören, ab-hören;
er-hören, ge-hören, ver-hören;
horchen, ge-horchen …

Es wird deutlich, daß mit „Wort"
alle Vorgänge angesprochen und ausgesprochen sind,
die für unser Leben und unsere Wirklichkeit
von Bedeutung sind.
Martin Buber faßt dies formelhaft zusammen:
„Alles wirkliche Leben ist Begegnung";
„Gott ist Beziehung".
Gott selbst ist Beziehung,
und er ist der Ursprung aller Beziehungen,
in denen und aus denen wir leben.

WEIHNACHTEN – AM TAG

Beziehung ist ein „Verhältnis":
das Verhalten von verschiedenen,
gegensätzlichen Wirklichkeiten,
die mitsammen geeint, eins sind
ohne Aufhebung der Verschiedenheit
und Selbständigkeit.
Nicolaus Cusanus bezeichnet Gott
als die Einheit aller Gegensätze.
Man könnte das mit einer Batterie vergleichen:
Wenn Plus und Minus richtig geschaltet sind,
spenden sie Energie;
wenn sie kurzgeschlossen sind,
löschen sie sich aus.
Die Theologie bringt das innergöttliche Verhältnis
in der Lehre von der heiligsten Dreieinigkeit
zum Ausdruck: Ein Gott in drei Personen.

Auch unsere menschlichen Beziehungen sind „dreipolig":
Ich und Du und die Liebe, die uns eint.
Die Liebe, die uns eint,
ist etwas Drittes, das wir erleben
und das unser Lieben bewirkt,
das wir aber selbst nicht „machen".
Gott ist es, der uns eint,
der uns aber auch trennt,
damit wir selbständig bleiben
und unser Selbstsein
nicht auflösen durch Verschmelzung.

WEIHNACHTEN – AM TAG

Die ständig geforderten Verzichte und Ablösungen
und die oft so schmerzlichen Enttäuschungen
dienen letztlich der Aufrechterhaltung
unseres Selbstseins.

Wenn voneinander entfernte Menschen
auf einen Punkt zugehen,
kommen sie einander „nahe".
Wenn Menschen einander nahe sein wollen,
müssen sie mitsammen auf Gott zugehen:
Durch ihn werden sie geeint
und gleichzeitig in ihrer Selbständigkeit
und Individualität erhalten.
Gott eint und trennt zugleich.
Das Wesentliche in den christlichen Ehen
und Beziehungen
ist nicht die Unauflöslichkeit
– das ist die Folge – ,
sondern der Versuch,
die irdischen Bindungen und Beziehungen
aus dem Glauben an die ewige Liebe zu leben.

Herr,
schenk mir das Glück in meinen Beziehungen
und gib mir die Kraft,
die notwendigen Enttäuschungen und Ablösungen
zu bewältigen.

WEIHNACHTEN – FEST DES HL. STEPHANUS
(APG 6,8–10; 7,54–60)

„Ich sehe den Himmel offen."

In den Himmel schauen

Angesichts des Todes
sieht Stephanus den Himmel offen;
für ihn, der sich für Christus ent-schlossen hat,
ist der Himmel er-schlossen und entschlüsselt.
Gott schließt den Menschen niemals aus;
der Mensch schließt sich aus von Gott,
aber Gott bleibt immer offen für ihn,
bis er sich wieder für Gott „entschließt".
Es gibt keine objektive Gottlosigkeit,
wohl aber eine subjektive.

Jedoch erzählt die Paradiesesgeschichte,
daß Gott das Paradies, den Himmel, verschlossen hat.
Was bedeutet das?
Gott hat es so eingerichtet,
daß der Mensch sich ausschließen kann.
Insofern trägt Gott die letzte Verantwortung
für „Schloß und Riegel" am Himmel.
In diesem vom Menschen verursachten Verschluß

des Paradieses
bleibt also Gott *mit drin*.
Gott ist sozusagen als Schlüssel
im Schloß steckengeblieben,
damit er, wenn sich der Mensch für Gott entschließt,
sofort aufsperren kann.
Wir haben die Hoffnungsgewißheit,
daß sich im Tod wohl jeder Mensch
für Gott entschließen wird,
freilich mit allen Konsequenzen der Bekehrung.

Stephanus sieht vor dem Tod
schon den Himmel offen.
Und was sieht er da?
„Die Herrlichkeit Gottes und den Menschensohn,
stehend zur Rechten Gottes".

Wenn man diese Bilder zu deuten weiß,
kann man sich ein ganz klares Bild vom Himmel machen:
Die Herr-lichkeit („Herr-schaft") Gottes
ist die alles ohne Zwang bezwingende
ewige, grenzenlose und bedingungslose Liebe Gottes.
Der „Menschensohn" ist Jesus,
die verkörperte und verleiblichte Liebe Gottes.
Er ist eingesetzt als „Richter",
der „zur Rechten Gottes sitzt"
und durch die Liebe Gottes alles richtet,
was unrichtig ist und „falsch gelaufen" ist.

WEIHNACHTEN – HL. STEPHANUS

Der Menschensohn *steht* aber zur Rechten Gottes;
er hat sich erhoben
und tritt in seiner ganzen Größe in Erscheinung,
um das „Gnadengericht",
– das ist die Vollendung des Menschen –
zu vollziehen.

So wie für Stephanus
bringt der Tod für jeden Menschen dieses „Gericht",
das auch wir im offenen Himmel des Stephanus
erschauen.
Daß das Gericht Gottes
bei Stephanus voll angekommen
und durchgekommen ist,
wird in seinen letzten Worten deutlich,
als er seinen Todfeinden verzeiht:
„Herr, rechne ihnen diese Sünde nicht an!"

Die Worte des Stephanus reizen seine Gegner
über die Maßen:
Der Glaubende, der den Himmel offen sieht,
macht allein durch sein Sosein alle wütend,
die nicht glauben und den Himmel nicht offen sehen,
weil er ihre (gottlose) Identität in Frage stellt.
Wenn ein (noch) nicht Glaubender
Gott in einem Glaubenden begegnet,
bleiben ihm nur zwei Reaktionen:
Bekehrung oder Verstockung.

WEIHNACHTEN – HL. STEPHANUS

Unglaube ist tödlich;
Glaube macht fähig zum Sterben.

Herr,
ich bin entschlossen für dich.
Schließ mir den Himmel auf,
damit ich die Kraft habe,
aus dem Glauben
zu leben und zu sterben.

SONNTAG IN DER WEIHNACHTSOKTAV – FEST DER HL. FAMILIE (LK 2,22–40)

Das Kind wuchs heran …
Gott erfüllte es mit Weisheit.

Heilig sein

Heil sein
bedeutet immer auch „heilig" sein.
Das Wort „heilig"
bringt die allgemeine Bedeutung des Heilseins
zum Ausdruck.
So ist die „heilige Familie"
für uns alle als heile Familie bedeutsam,
die sichtbar macht,
woher das Heil in den Familien kommt,
und wie Familien geheilt, „therapiert" werden können.
Heil ist eine Familie,
wenn sich jedes Mitglied
daheim, geborgen und angenommen fühlen kann,
wenn ich so sein darf, wie ich bin,
und wenn ich den anderen in Liebe
so sein lassen kann, wie er ist.

FEST DER HL. FAMILIE

Paulus gibt heute im Kolosserbrief *(3,12–21)*
eine ganz praktische Familienhilfe
aus der Kraft des Glaubens.
Die Bedeutung der hl. Familie
liegt weniger in ihrer moralischen Wirklichkeit,
sondern vielmehr in ihrer Zeichenhaftigkeit
für den Ursprung jeden Familienglücks.
Sie zeigt, woher die Kräfte kommen,
die zum Glücklichsein vonnöten sind:
Sie kommen aus dem Glauben an die ewige Liebe.
Paulus beginnt sein Kapitel:
„Ihr seid von *Gott* geliebt,
seid seine auserwählten Heiligen".
Damit weist er auf Gott hin
als den Ursprung der Liebe:
Gott ist der Ersthandelnde in der Liebe,
auch bei aller Echtheit der menschlichen Liebe.
Aus dem Glauben an ihn kommen die Kräfte,
die den Menschen und seine Beziehungen
heil und heilig machen.
Wenn man die Kraft,
die in „Erbarmen, Güte, Demut, Milde, Geduld",
die im Ertragen und Vergeben wirkt,
selbst erzeugen könnte,
bräuchte man keinen Glauben und keine Religion.

Wenn man jemand liebt,
muß man ihn „leiden" können,

FEST DER HL. FAMILIE

das heißt ihn so nehmen können, wie er ist –
mit allen Stärken und Schwächen.
Gott kann jeden von uns „leiden".
Warum sollten wir uns dann
nicht immer wieder leiden können?
Gott als Ehe- und Familienberater
wird heute leider sehr oft übersehen.
Damit wird auch übersehen,
welche Kräfte für eine glückliche Familie
aus einem praktizierten Glauben erwachsen können,
aus dem gemeinsamen Fasten, Beten und Feiern
und aus dem gemeinsamen Einsatz für andere.

Die heilige Familie ist ganz aufgebaut
auf dem Vertrauen zu Gott,
der allen Unerhörtes zugemutet hat:
Maria die uneheliche Schwangerschaft –
Josef soll die von einem anderen Schwangere
zu sich nehmen.
Maria und Josef haben den Boten Gottes geglaubt –
wach und im Schlaf.
Und so ist aus einer menschlich unmöglichen Situation
die heilige Familie geworden.

„Gott erfüllte das Kind" – lesen wir bei Lukas.
Nicht nur das Jesuskind,
alle Menschen sind Gefäße,
die dazu bestimmt sind,

FEST DER HL. FAMILIE

mit Gott, mit seiner Weisheit und Liebe
erfüllt zu werden.

Menschen, die vom Geist Gottes erfüllt sind,
sind „geistverwandt".
Sie kennen sich und bestätigen einander.
So erfahren die Eltern Jesu durch Simeon und Hanna
die Bestätigung der besonderen Bedeutung ihres Kindes.

Herr,
erfülle mich mit Weisheit
und gib mir die Kraft zur Treue,
wenn ich durch Rücksichtslosigkeit,
Bosheit und Untreue
enttäuscht und verletzt worden bin.

Oktavtag von Weihnachten – Hochfest der Gottesmutter Maria (Lk 2,16–21)

Die Hirten kehrten zurück, rühmten Gott und priesen ihn ...

Gott loben

Sie „rühmten" und „priesen" Gott
„für das, was sie gehört und gesehen hatten".
Die Hirten haben Gott erlebt,
der sich als Kind und wie ein Kind
gezeigt und zu erkennen gegeben hat.
Das Kind ist ein wichtiges Symbol für Gott.
Dieses Symbol steht für
Freundlichkeit, Arglosigkeit, Zutraulichkeit;
das Kind „rührt sich"; es rührt den Menschen an,
äußerlich und innerlich;
das Kind hat Vertrauen und weckt Vertrauen.
Gott vertraut darauf,
daß wir ihn in unserer Sehnsucht nach Liebe
als die Erfüllung dieser Sehnsucht
anerkennen, annehmen, aufnehmen
und in unser Herz schließen.
Wenn wir Gott dafür rühmen, preisen und loben,
tun wir das nicht deshalb,
weil Gott auf unser Lob angewiesen wäre.

HOCHFEST DER GOTTESMUTTER MARIA

Gott braucht für sich nicht unser Lob;
aber wir brauchen das Lob Gottes,
damit unser Bewußtsein und unsere Gesinnung
immer mehr von Gott erfüllt und bestimmt wird.

„Preisen" heißt:
den Wert erkennen und nennen;
„loben" heißt lateinisch „praedicare":
etwas vor-sagen.
Wir müssen es uns selbst und den anderen
immer wieder vor-sagen,
daß Gott es ist, der uns immer liebt –
auch in Not, Leid und Tod,
der uns immer hilft und heilt,
auch wenn dies meistens nicht so geschieht,
wie wir es uns vorstellen.

So wird das Gebet
zur unentbehrlichen Lebenshilfe für den Glaubenden.
Umgekehrt wird die Anwesenheit
und Gegenwart Gottes spürbar,
wenn ich bete,
wenn ich Gott anspreche,
wenn ich seinen „heiligen Namen" an-rufe
und ausspreche.
Jedes Wesen wird durch das Aussprechen
seines Namens, durch das Genannt-Werden,
in die Gegenwart geholt.

HOCHFEST DER GOTTESMUTTER MARIA

Wenn ich bewußt
die Namen von Lebenden und Toten nenne,
wenn ich sie „beim Namen rufe",
kann das eine ganz tiefe Wirkung haben;
im Rufen des Namens
kann sich Begegnung ereignen.

Die wichtigste Art des Betens
ist das Loben und Preisen.
Ich erkenne und bekenne:
Du bist's, der mich gerufen hat und ruft;
du bist's, der mir geholfen hat und hilft;
du bist's, der mir begegnet ist und begegnet
in meiner Liebe.
Durch Bitten und Danken
wird das Loben noch ergänzt:
Ich mache mir bewußt,
daß ich *alles* aus der Hand Gottes
annehmen kann, darf und „muß"!
Gott gibt mir sowieso alles, was ich brauche;
darum brauche ich ihn eigentlich nicht zu bitten.
Aber durch Bitten und Danken
wird alles zum Geschenk.
Durch mein Gebet kann ich Gott nicht ändern,
aber ich ändere mich,
indem ich offen und offener werde für ihn,
so daß ich schließlich auch Leid und Tod
als das „Meinige" aus seiner Hand annehmen kann.

HOCHFEST DER GOTTESMUTTER MARIA

„Die Hirten kehrten zurück";
sie haben Gott in sich aufgenommen
und in ihr Herz geschlossen.
Er geht überall mit,
und er ist da,
wenn sie ihn preisen.

Gott holt uns nicht aus dem irdischen Leben heraus;
er nimmt uns unsere irdischen Aufgaben
und unsere Verantwortung nicht ab.
Im Gegenteil: Er macht uns fähig,
mit neuem Bewußtsein und mit neuen Einsichten
unsere Aufgaben in der Welt
nach dem Prinzip Liebe
wahrzunehmen und zu erfüllen.

Auch wir müssen „zurück",
neu und erneuert jeder an seinen Platz.
Dies könnte somit das Leitwort sein für das neue Jahr:
„Ich will den Herrn allezeit preisen;
immer sei sein Lob in meinem Mund" *(Ps 34,2)*.

Herr,
laß mich in deiner Liebe
ganz geborgen sein,
damit ich auch im Leid
dein Lob verkünde.

ZWEITER SONNTAG NACH WEIHNACHTEN
(JOH 1,1–18)

Im Anfang war das Wort.

Sinn finden

Zum zweiten Mal in der Weihnachtszeit
lesen wir heute den unerschöpflichen Prolog
des Johannes-Evangeliums,
der mit dem „Wort" beginnt.
Das ursprüngliche Wort ist griechisch
und heißt „logos".
Dieses Wort kann im Deutschen
nur mit sehr vielen Worten wiedergegeben werden.
„Logos" ist zum vielschichtigen,
philosophisch geprägten Begriff geworden,
den man durchaus – wie Kurt Marti –
auch mit dem deutschen Wort „Sinn" übersetzen kann:
„Im Anfang war der Sinn,
und der Sinn war bei Gott,
und der Sinn war Gott …"
In dieser Übersetzung gibt das Bibelwort
eine Antwort auf höchstaktuelle Zeitfragen:
Was ist der Sinn meines Lebens?
Was ist der Sinn des Lebens und des Daseins überhaupt?

Zweiter Sonntag nach Weihnachten

Alles, was ist und geschieht,
was war, ist und sein wird,
hat einen Sinn.
Und:
Der Sinn von allem ist Gott,
die ewige Liebe und das ewige Leben.
„Sinnvoll" ist alles, was mit Gott „erfüllt" ist,
wo Gott „drin" ist;
„sinnlos" ist alles, wo subjektiv Gott fehlt,
denn objektiv ist Gott überall dabei;
er wirkt in allem,
auch in dem, was wir böse nennen.

Diese Antwort auf die Sinnfrage
setzt freilich Gotteserfahrung und Glauben voraus.
Unsere Zeit zeigt deutlich,
daß der Ungläubige keinen Sinn des Lebens finden kann,
und trotzdem bleibt er auf der Suche danach
in einer angeborenen Ahnung:
Es muß doch einen Sinn geben.

Viele sehen heute
in Konsum, Lust und „Spaß"
den Sinn des Lebens.
Aber dieser „Sinn"
erweist sich früher oder später als Unsinn,
und diese Frustration führt noch tiefer
in das „Leiden am sinnlosen Leben" (*Viktor Frankl*).

Zweiter Sonntag nach Weihnachten

Depression, Verzweiflung und Selbstmord
sind die häufige Folge dieses Leidens.
Eine rein materialistisch orientierte Psychologie
spricht heute vom „konstruktiven Muß".
Das heißt, das Leben hat keinen Sinn;
du mußt den Sinn deines Lebens selber „machen",
damit du deinem Leben einen Sinn geben kannst.
Die Wirklichkeit des Lebens zeigt jedoch,
daß diese Empfehlung keine Lösung bringt,
weil sie praktisch nur tiefer in die Sinnlosigkeit führt.

Viktor Frankl und Elisabeth Lukas vertreten
in der „Logotherapie" die „Heilung durch Sinn".
Diese Heilung geht von der Ureinsicht aus
– die vielleicht schon einen positiven „Urglauben"
miteinschließt –,
daß jedes Menschenleben
einen Sinn, eine Aufgabe und eine Verantwortung *hat,*
die von vornherein da sind, und die vor-gegeben sind.
In der *Findung* des Sinns
besteht meine Heilung und mein Heil, –
wenn ich meinem Leben den Sinn geben kann
(Aufgabe und Verantwortung eingeschlossen!),
den es bereits schon hat.
Wenn ich nur irgendwo „ein wenig" Sinn finde,
könnte mir das zum Glauben verhelfen,
daß letztlich alles einen Sinn hat,
auch wenn mir noch vieles als sinnlos erscheint.

Zweiter Sonntag nach Weihnachten

Viktor Frankl nennt dies „Übersinn".
Für den Glaubenden ist „Übersinn"
ein anderes Wort für Gott.
Die Logotherapie
geht von einer positiven Einstellung zum Leben aus,
von einem grundlegenden Optimismus.
Sie kommt aus dem Urvertrauen
und will ins Urvertrauen zurückführen.
So gibt es in der Psychologie Argumente und Hilfen,
die hinführen zum Glauben an die ewige Liebe,
die der Sinn von allem ist
und die uns letztlich von allem heilt.
Nun bleibt noch die Frage:
Wo und wie finde ich den Sinn meines Lebens?
– Im Alltag:
Wenn ich meine Fähigkeiten
und Unfähigkeiten wahrnehme,
wenn ich Freude und Leid wahrnehme und annehme,
wenn ich meine Lebenssituationen
wahrnehme und annehme,
in denen meine Lebensaufgaben verborgen sind.

Herr,
offenbare mir durch meine Sinne
den Sinn des Lebens
und laß mich durch ein sinnvolles Leben
teilhaben am ewigen Glück deiner Liebe.

HOCHFEST ERSCHEINUNG DES HERRN
(MT 2,1–12)

*Sie gingen in das Haus und sahen das Kind und Maria,
seine Mutter.*

Das Kind finden

Schon der Engel sagte:
„Ihr werdet ein Kind finden".
Und die Hirten und die Magier *fanden* das Kind.
Dieses Finden ist mehr
als nur ein äußeres Finden:
Es ist ein inneres Finden,
ein inneres Herausfinden
der inneren Wirklichkeit,
die sich im äußeren Geschehen verbirgt.

Heute stehen drei Menschen an der Krippe;
„Magier" nennt sie das Evangelium.
Magier sind Menschen,
die mit den Wirklichkeiten
in den Dingen und hinter (über) den Dingen
vertraut sind.
„Sterndeuter", „Weise", „Könige"
werden sie weiterhin genannt.

Erscheinung des Herrn

Sterndeuter sind vertraut
mit der Einheit des ganzen Kosmos.
Die Weisen kennen die inneren Zusammenhänge
des irdischen Geschehens,
und sie erkennen darin eine tiefe, ewige Wahrheit;
die Könige schließlich haben die Aufgabe,
die Kraft aus der Höhe den Menschen zu vermitteln.
(Die trichterförmige Krone ist ein Symbol dafür.)

Alle drei haben die Einsicht,
daß die Erfüllung der Sehnsucht des Menschen
schon in dieser Welt zu finden sein müsse.
So machen sie sich auf die Suche,
geführt vom Stern der Sehnsucht,
der die Kraft der Hoffnung
in sich birgt und ausstrahlt.

Die drei Magier
vertreten die drei damals bekannten Erdteile:
Afrika, Asien und Europa.
Der Stern der Hoffnung
kann jedem Menschen immer und überall aufgehen,
schon lange bevor er das Kind gefunden hat.

Dieser Stern motiviert zum Aufbruch;
dieser Stern, die gemeinsame Hoffnung,
führt die Menschen zusammen,
und sie werden gemeinsam das Kind finden.

ERSCHEINUNG DES HERRN

Dieser Weg führt äußerlich über Jerusalem –
die Stadt,
die die bisherige Geschichte Gottes in sich vereint.
Aber sie müssen *weiter* gehen,
wieder dem Stern folgen, der sie zum Aufbruch bewegte.
Auch die Weisen in Jerusalem geben den Hinweis,
daß das Heil nicht in Jerusalem,
sondern in Betlehem (der „Stadt Davids")
zu finden sei.

Nun finden sie das Kind
und sie „finden heraus":
Hier ist die Erfüllung der Sehnsucht aller Menschen;
in diesem Kind ist die ewige Liebe verkörpert.
Und sie huldigen ihm;
sie zeigen dem Kind ihre Ergebenheit:
Gott, die Liebe,
ist Ursprung aller Wirklichkeiten,
Ursprung der Einheit alles Geschaffenen,
Ursprung aller Weisheit,
Ursprung aller Macht und aller Kräfte,
die dem Menschen zum Heile dienen.

Der Rückweg ist nun ein anderer;
er führt nicht mehr über Jerusalem:
Die Wege Gottes zur Welt und in der Welt
– und damit die Wege des Menschen zu Gott –
sind so vielfältig wie die Menschen selbst.

ERSCHEINUNG DES HERRN

Gott selbst warnt vor der Verabsolutierung
eines „alleinseligmachenden" äußeren Weges zu Gott.
Jeder muß seinen Weg gehen,
an dessen Ziel er das Kind findet.

Doch innerlich sind alle Wege eins:
Bewegt von der Sehnsucht,
sind wir alle unterwegs
zur Erfahrung der ewigen Liebe.
Haben wir Gott erfahren,
dann führt uns der „Rückweg"
wieder in die Welt,
jeden an seinen Platz,
wo jeder die Liebe bezeugt durch sein Leben,
von der Nächstenliebe bis hin
zur prinzipiellen Feindesliebe.
Hinweg und Rückweg
werden schließlich eins
als die „Schwingungen" der ewigen Liebe
in unserer lieblosen Welt.

Herr,
gib mir die Kraft zum Aufbruch
und zum Weitergehen,
auch wenn ich mich nicht mehr hinaussehe
und keinen Stern mehr erblicken kann.

Sonntag nach dem 6. Januar – Taufe des Herrn (Mk 1,7–11)

„Er aber wird euch mit dem Heiligen Geist taufen."

Neu geboren werden

Johannes tauft „nur" mit Wasser.
Wasser ist bei ihm vor allem Symbol der Reinigung.
Der Mensch braucht Umkehr, Buße und Erneuerung,
wenn es anders und besser werden soll im Leben.
Er muß sich trennen von der Herrschaft der angeborenen
egoistischen, materialistischen und rationalistischen
Denk- und Handlungsprinzipien.
Um ein neuer Mensch zu werden,
muß ich mich vom alten Menschen,
– von meinem Ego-Ich –
verabschieden.
Die Bußtaufe ist zunächst
Symbol der Ablösung und Trennung.
Nur wenn der „alte Mensch" abnimmt,
kann der „neue Mensch" zunehmen.

Jesus taucht in das Taufwasser des Johannes.
Er bereichert und verwandelt das Wasser:
Das Wasser der Buße

TAUFE DES HERRN

wird durch sein „Einsteigen" in das Bußgeschehen
zum Wasser des Lebens.
Jesus, der getaufte Täufer:
Durch das Sich-taufen-Lassen
geht Jesus selbst ein in das Taufwasser,
und so wird er selbst zum neuen Täufer,
der mit der Feuerkraft des Hl. Geistes taufen wird.
Durch Jesus bekommt die Bußtaufe
zusätzlich eine neue Bedeutung:
Leer (Frei)-werden und Erfüllt-werden,
Loslassen und Empfangen,
Sterben und neu Geboren-werden
sind im Symbol der Jesustaufe vereint.

Im Gespräch mit Nikodemus
sagt Jesus den fundamentalen Satz:
„Wenn jemand nicht von neuem geboren wird,
kann er das Reich Gottes nicht sehen" *(Joh 3,3)*.
Mit unseren angeborenen,
aus dem „Fleisch" stammenden, irdischen Denk-
und Lebensprinzipien
können wir Gott nicht sehen und erkennen.
Unsere angeborenen Prinzipien sind:
Vernunft; Leistung, Lohn; Strafe, Vergeltung, Sühne.
Wir wollen immer mit unserem angeborenen Denken
Gott erfassen,
und so entstehen die falschen
und verzerrten Gottesbilder:

TAUFE DES HERRN

vom strafenden, beleidigten und zornigen Gott,
vom grausamen Sühneopfertod Jesu,
durch den der himmlische Vater wieder versöhnt wird.
Wir projizieren unser angeborenes Vergeltungs-
und Rachedenken
in Gott hinein,
und so entsteht ein Gottesbild,
das bei sensiblen Menschen Höllenängste
bis zur Neurose erzeugt
und bei robusten Pharisäismus und Buchstabenmoral
bewirkt.

Wenn wir Gott sehen wollen,
muß unser Denken, unser ganzes Lebensprinzip
neu geboren werden – nicht aus dem „Fleisch",
sondern durch den Glauben an Jesus
und an die in ihm verkörperte absolute Liebe,
die allen alles immer verzeiht.

Das Wasser ist bei Jesus nunmehr das Symbol
für den Geist Gottes,
aus dem wir durch den Glauben
neu geboren werden, „aus Gott",
damit wir nun als „Kinder Gottes",
als „neue" Menschen „gottartig" leben.
Die neue Lebenskraft kommt aus dem Bewußtsein,
mit ewiger Liebe unverlierbar geliebt zu sein,
untrennbar gebunden an die Bereitschaft,

TAUFE DES HERRN

auch allen alles zu vergeben
so wie Gott,
der seine Sonne aufgehen läßt
über Guten und Bösen,
auch alles vergibt.
Das „alte", angeborene Denken
wird durch das neugeborene Denken
nicht ausgeschaltet oder verdrängt,
sondern überformt und verwandelt:

Meine Vernunft kann nun der Liebe dienen.
Wenn ich bei Gott
nicht mehr an Rache, Lohn und Strafe denken muß,
kann ich alles, auch Leid und Tod,
und all das, was ich noch nicht verstehe, annehmen,
ohne daß ich an seiner Liebe zweifeln muß.

Auch meine Sinne werden neu geboren,
befreit von Angst und Zwang und Sucht.
Das irdisch-sinnlich-Vergängliche
wird zum Zeichen und zum Erfahrungsort
der ewigen Liebe.

Herr,
laß mich als deine Neugeburt
nie wieder untergehen
in den Ängsten und Nöten
des alten todgeweihten Lebens.

ASCHERMITTWOCH (MT 6,1–6.16–18)

„Du aber geh in deine Kammer, wenn du betest,
und schließ die Tür zu."

In sich gehen

Fastenzeit – eine besondere Zeit der „Einkehr",
wenn „ich in mich" gehe,
wenn ich zu mir selbst komme,
wenn ich mich „be-suche",
um mich, mein Selbst,
in mir zu finden –
abgeschieden vom Betrieb der Außenwelt.

Was finde ich,
wenn ich den Mut habe,
mit möglichst wenig Selbstbetrug
in mich zu gehen,
um mein Inneres wahrzunehmen?
Ich stoße auf meine Schuld und Sünde.

„Sünde" ist hier nicht
im Sinn moralischer Schuld zu verstehen,
sondern im Sinn existentieller Schuld *(Karl Jaspers).*
„Sünde" („Sonderung") ist meine Zerrissenheit,

ASCHERMITTWOCH

mein Uneinssein mit mir selbst,
mit Gott und mit den Menschen und der Welt.
Dieses Uneinssein wirkt sich aus als Soll-Spannung,
als Schuld (von sculan = sollen);
ich erlebe sie als Angst,
als Ärger, Haß und Unzufriedenheit,
als Rachsucht, Streitsucht, Eifersucht …

Aber gerade meine Schuld ist der Ort,
wo Gott als mein „Erlöser" in Erscheinung tritt,
indem er mich „bis zum letzten" liebt,
bis zur Identifikation mit meiner Schuld.
Wenn ich in mich gehe,
wenn ich meine Schuld wahrnehme und annehme,
finde ich in ihr
nicht die zu erwartende Vernichtung,
sondern – Gott:
Schuld als Ort tiefster Gotteserfahrung –
freilich für den, der an die absolute Liebe glaubt.
Von Gott her ist der Ungläubige
genauso geliebt wie der Gläubige;
er hat es nur noch nicht erfahren.

Die Erlösungstat Gottes durch Jesus Christus
hat Paulus in der heutigen Lesung
in wohl unüberbietbarer Dichte und Knappheit
so ausgedrückt:
„Er hat den, der keine Sünde kannte,

Aschermittwoch

für uns zur Sünde gemacht,
damit in ihm Gerechtigkeit Gottes würden" *(2 Kor 5,21)*.
Mit einem Wort:
Jesus, der „sündelose Sünder".
„Zur Sünde gemacht" heißt:
ganz eins gemacht mit unserer Sünde
und dadurch eins mit uns Sündern.

Gott liebt uns genauso, wie wir sind.
Er „importiert" auf diesem Weg
seine Gerechtigkeit in unsere Schuld.
Seine „Gerechtigkeit" ist seine Barmherzigkeit,
die – in der Verschmelzung mit unserer Schuld –
unsere Schuld in Barmherzigkeit,
das heißt in die „Gerechtigkeit Gottes" verwandelt.
Von „Strafe" und „Sühneopfer" ist hier nicht mehr
die Rede.

Die menschlichen Vorstellungen,
die sich in diesen Begriffen spiegeln,
sind in dieser mystischen Tiefe überwunden.
Man könnte hier Paulus
mit der mehr johanneischen Mystik
von Licht und Finsternis vergleichen:
Wenn sich Finsternis und Licht vereinen,
wird nicht das Licht verdunkelt,
sondern die Finsternis in Licht verwandelt.
So kann Paulus schließlich sagen:

Aschermittwoch

„Überwindet das Böse durch das Gute" *(Röm 12,21)*
in dem Sinn:
Verbindet das Böse mit dem Guten.

Herr,
gib mir durch deine Liebe den Mut,
mich so zu sehen und zu nehmen, wie ich bin,
damit meine Schuld durch dich
in Liebe verwandelt wird.

ERSTER FASTENSONNTAG (MK 1,12–15)

Er lebte bei den wilden Tieren.

Bewährt sein

Wüste und Wasser
sind als Symbole doppeldeutig:
Orte der Dämonen und Orte der Gotteserfahrung;
Orte der Bewährung.

Das „Leben bei den wilden Tieren"
kann man zunächst „franziskanisch" deuten,
daß die wilden Tiere
in der Nähe Jesu zahm wurden.
Man kann die wilden Tiere
aber auch als das „Tierische" im Menschen deuten,
mit dem sich Jesus als Mensch
auch auseinandersetzen mußte.
Beim Menschen sind die Triebimpulse
und das Triebverlangen
auch vorhanden – wie beim Tier;
aber sie sind nicht begrenzt wie beim Tier.
Die Triebhemmungen muß der Mensch
in seiner Verantwortung mit den geistigen Kräften
selbst aufbauen.

ERSTER FASTENSONNTAG

Diese Kräfte sind „die Engel, die ihm dienen".
Engel sind „Boten Gottes",
in denen die Kraft der Liebe
und die Weisheit der Gedanken Gottes wirkt.
Alle Geschöpfe – auch Gedanken – können „Engel"
werden,
wenn sie die Liebe Gottes vermitteln.
Unsere Engelsbilder stellen Engel meistens
als Menschen dar
mit strahlendem Aussehen und mit Flügeln.
Die Flügel sind das Symbol der Bewegung
von Gott zum Menschen
und vom Menschen zu Gott.

Der Satan erscheint in der Bibel
vor allem als Prüfer,
der den Menschen herausfordert
und in die Bewährung zwingt.
Wir spüren den Satan selbst immer wieder
als spontane Kraft in der Vernunft,
die uns mit „vernünftigen Argumenten" verleiten will
vom Vertrauen zum Berechnen,
vom Vergeben zum Vergelten,
von der Liebe zum rücksichtslosen Egoismus.

Jesus besteht die Prüfung.
Prüfungen des Lebens sind immer verbunden
mit der Versuchung,

ERSTER FASTENSONNTAG

nach egoistischen Prinzipien zu denken
und zu handeln.

Bei unseren Prüfungen
muß uns immer bewußt bleiben,
daß nicht Gott unsere Prüfungen braucht,
sondern *wir* – zu unserer Selbsterfahrung
und zur Stabilisierung unseres Selbstbewußtseins,
das heißt zu unserer Bewährung vor uns selbst.
Gott kennt uns schon von Ewigkeit;
aber wir müssen uns durch ihn erst kennenlernen.

Als der Bewährte mit „göttlicher Selbstsicherheit"
tritt Jesus nun auf in der Öffentlichkeit.
„Die Zeit ist erfüllt":
Mehr als das, was Jesus ist,
kann es in unserer Zeitlichkeit nicht mehr geben.
Jesus „zeitigt" die ewige Liebe;
in ihm wird sie zeitlich erfahrbar.

„Das Reich Gottes ist nahe":
„Reich" ist immer auch „Be-reich";
der Bereich Gottes ist die Nähe.
Jesus selbst ist die menschliche Nähe Gottes.
In seiner Berührung erfahren die Menschen Heil und
Heilung.
Durch die Jesuserzählungen, die uns „zu Herzen" gehen,
berührt uns Jesus heute noch und immer.

ERSTER FASTENSONNTAG

Für den Glaubenden ist jede menschliche Berührung,
die zu Herzen geht,
Berührung von ihm.

„Kehrt um
und glaubt an das Evangelium".
Jesus zwingt nicht zur Umkehr
durch Drohung und Gewalt;
er bewegt die Menschen zur Umkehr
durch die Kraft seiner Überzeugung
und seines Zeugnisses.

Der Glaube an die absolute Liebe
wird in unserer Welt nur möglich
durch das Zeugnis eines bewährten Glaubens.

Herr,
führe mich durch die Prüfungen meines Lebens
zur Bewährung meines Glaubens
und zur Glaubwürdigkeit meines Zeugnisses.

ZWEITER FASTENSONNTAG (MK 9,2–10)

Aus der Wolke rief eine Stimme:
„Das ist mein geliebter Sohn."

Durchblicken können

Im Leben geraten wir oft in Situationen,
die uns Angst machen und uns alle Hoffnung rauben.
Es kommt so oft alles ganz anders,
als wir es uns vorgestellt und erhofft haben.
In der Verklärungsgeschichte Jesu
wird das Ostergeschehen „in Aussicht gestellt",
damit wir die Angst,
die die Passion Jesu erzeugt,
überwinden können,
damit wir überhaupt lernen,
„gegen alle Hoffnung zu hoffen".
Die Namen Mose und Elija
erinnern an ähnliche Situationen
in der Glaubensgeschichte Israels.

Angst entsteht immer,
wenn man „sich nicht mehr hinaussieht",
wenn liebgewordene Gedanken, Vorstellungen und Pläne
jählings abgebrochen werden,

ZWEITER FASTENSONNTAG

so daß man nicht mehr „weitersehen" kann.
Wenn dann nicht
„von irgendwoher ein Lichtlein kommt",
läuft man Gefahr,
in der Angst unterzugehen.
Ich kann der Angst nicht entgehen,
indem ich sie verdränge
oder auf andere übertrage und abwälze;
ich muß selber „durch".
Und da brauche ich Licht auf der anderen Seite,
damit ich durch die finstere Röhre der Angst
hindurchkomme.

Jesus ist die Lichtgestalt
für alle Ängste.
Oft brauche ich allerdings sehr lange,
bis ich dieses Licht sehen kann,
weil es von ganz woanders herkommt,
als ich es erwarte.

Die Andersartigkeit dieses Lichtes
kann aber sogar die Angst verstärken:
Das Licht ist schon da;
ich stehe schon im „Schatten der Wolke";
ich bin noch „benommen von Furcht",
bis ich das Licht (in der Lichtgestalt)
erkennen kann.

ZWEITER FASTENSONNTAG

In der Lesung heute hören wir
die grausame Prüfungsgeschichte von Abraham
und Isaak,
die in der Osternacht wiederholt wird.
Wenn wir die Geschichte auf Gott beziehen,
bleibt sie schlechterdings inakzeptabel:
Grausamer kann man sich einen Menschen
auch nicht mehr vorstellen!
Gott macht Angst!

Wir haben schon gesehen,
daß nicht Gott unsere Prüfungen braucht,
sondern wir.
Wir erleben immer wieder,
daß wir das Liebste,
auf das wir – irdisch gesehen – ein Anrecht haben,
hergeben müssen.
Isaak steht nicht nur für „Sohn",
sondern für die ganze von Gott selbst
verheißene Zukunft.
Im Glauben an die ewige Liebe
können wir vielleicht erahnen:
Wenn alles, was wir sind und haben,
Geschenk Gottes sein und bleiben soll,
müssen wir es uns immer wieder neu und anders
von Gott schenken lassen.
Dazu ist immer wieder das Loslassen nötig,
das härteste Grausamkeit bedeuten kann,

ZWEITER FASTENSONNTAG

die nur in einem noch größeren Glauben und Vertrauen
verkraftet werden kann.

Viele Menschen zerbrechen – irdisch gesehen – am Leid.
Viele bleiben im Leid „stecken".
Es ist aber nicht zu leugnen,
daß es Menschen gibt,
die glaubwürdig bezeugen,
daß sie im tiefsten Leid
die Liebe Gottes am tiefsten erfahren haben.
Je tiefer die Finsternis,
desto heller das Licht.
Bei allen Überlegungen
bleibt schließlich
die letzte Warum-Frage ungelöst.

Der verklärte Jesus
ist das Licht auf dem Weg
vom Angst machenden
zum von aller Angst befreienden Gott.
Dieser Weg bleibt keinem erspart.
Es ist der Weg vom angsterregenden Geheimnis Gottes
(„mysterium tremendum"),
zum überwältigenden Geheimnis der Liebe Gottes
(„mysterium fascinosum").

Hätten wir nicht die Hoffnungsgewißheit,
daß im Tod jedem Menschen

ZWEITER FASTENSONNTAG

„das ewige Licht leuchtet",
dann müßten wir vor Angst vergehen.
Alle Menschen, die bewußt und glaubwürdig leben,
aber nicht vor Angst vergehen,
sind Zeugen für das Ewige Licht
in unserer Welt.

Herr,
sei du mein Licht,
das mich durch meine Ängste und Zweifel
immer mehr in deine Nähe führt.

DRITTER FASTENSONNTAG (JOH 2,13–25)

„Reißt diesen Tempel nieder,
in drei Tagen werde ich ihn wieder aufrichten."

Gott im Menschen suchen

Es schockiert uns zunächst, wenn wir sehen,
wie Jesus, der die absolute Liebe verkörpert,
mit der Geißel dreinschlägt.
Wie soll man das verstehen?
Manche suchen hinter der Geschichte
von der Tempelreinigung
den Versuch eines politischen Aufstandes.
Was immer geschehen oder nicht geschehen sein mag –
hier wird doch einiges deutlich.

Solange die Menschen noch nicht fähig sind,
nach dem Prinzip weltweiter Toleranz und Solidarität
friedlich zu leben,
ist Gewalt das „letzte Mittel", das „kleinere Übel",
um noch größeres Unheil zu vermeiden.
Entscheidend ist dabei,
daß die Menschen, die Gewalt anwenden,
dies als Übel erkennen
und daß sie dennoch überzeugt bleiben

DRITTER FASTENSONNTAG

vom Prinzip der Liebe und der Gewaltlosigkeit.
Die Gewaltanwendung eines liebenden Menschen
wirkt anders und bewirkt anderes
als die Gewaltanwendung eines hassenden Egoisten.

Das Einschreiten Jesu im Tempel
gilt der Korrektur des Gottesbildes.
Alle „heiligen Kriege" und letztlich alle Kriege
– im großen wie im kleinen –
entspringen einem falschen
oder einem fehlenden Gottesbild.

Gott ist kein Handelspartner für den Menschen;
seine Liebe ist nicht käuflich.
Gott braucht keine Opfer,
blutige schon gar nicht.
Wir brauchen Gott nicht umzustimmen.
Gott ist die absolute Liebe,
und diese Liebe ist keinen Launen unterworfen.
Die absolute Liebe kann man gar nicht umstimmen;
sie ist grenzenlos und ewig.

Gott braucht *Menschen,*
die bereit sind, „Tempel" Gottes zu werden –
Menschen, die sich dazu hergeben
und dafür hingeben,
Gott in sich aufzunehmen
und zur Auswirkung in der Welt zu bringen.

DRITTER FASTENSONNTAG

Die Hingabe an Gott
ist von der Hingabe an die Menschen nicht zu trennen.
Auch umgekehrt gilt:
Jede echte Hingabe an die Menschen ist
– auch unbewußt –
Hingabe an Gott.

Beim Tod Jesu reißt der Vorhang des Tempels entzwei:
Das alte Allerheiligste ist preisgegeben,
der Tempel ist leer.
Er ist nicht mehr der Ort, wo Gott wohnt.
Wer Gott sucht,
braucht nicht mehr in den Tempel zu gehen.

Der unvertauschbare Ort, wo Gott wohnt,
ist Jesus,
der Mensch, der sein Leben
dem Haß der Menschen hingegeben hat,
um ihnen die Liebe Gottes zu offenbaren,
die stärker ist als der Haß.
Wer diese Liebe erkennt, annimmt
und sich (wenigstens prinzipiell) davon erfüllen läßt,
wird ein „Christ",
ein Tempel des Tempels,
ein irdischer Tempel,
in dem Jesus, der ewige Tempel Gottes, „eingebaut" ist.
„Wißt ihr nicht, daß ihr Gottes Tempel seid
und der Geist Gottes in euch wohnt?" *(1 Kor 3,16)*.

DRITTER FASTENSONNTAG

Wer von Gott reden will,
wird nun immer vom Menschen
und von Jesus reden müssen.

Unsere „Gotteshäuser" sind zunächst das Symbol,
daß Gott selbst unser „Haus" ist, in dem wir „wohnen".
Sie sind ferner der Ort,
an dem „Gott als Jesus" gegenwärtig ist
in der Versammlung der Gläubigen
und im Symbol des Brotes.

Herr,
laß mich bei dir geborgen sein,
laß mich zur Stelle sein und zur Stelle werden,
damit die Menschen, die dich suchen,
dich auch bei mir
finden können.

VIERTER FASTENSONNTAG (JOH 3,14–21)

„Gott hat seinen Sohn nicht in die Welt gesandt,
damit er die Welt richtet,
sondern damit die Welt durch ihn gerettet wird."

Gerichtet werden

Jesus, der Weltenrichter,
„dem Gott das ganze Gericht übertragen hat" *(Joh 5,22),*
ist in die Welt gesandt, um uns und die Welt zu retten.
Jesus, der rettende Richter und der richtende Retter!
„Retter" und „Richter" sind in Jesus vereint.
Diese Einheit nimmt uns alle Angst
vor dem Gericht – ja noch mehr:
Sie gibt uns die Hoffnungsgewißheit,
daß am Ende alle gerettet werden
und daß letztendlich alles gut wird,
auch wenn wir uns dies jetzt noch nicht so recht
vorstellen können.
„Der mich richtet, ist der Herr" *(1 Kor 4,4).*
Mit diesem Wort drückt Paulus seine Hoffnung aus.

Das Gericht Gottes kommt nicht erst am Ende;
dort wird es vollendet.
„Jetzt wird Gericht gehalten über diese Welt" *(Joh 12,31).*

VIERTER FASTENSONNTAG

Mit dem Wort „Gericht" verbinden wir immer
Verurteilt- und Bestraft-Werden.
Und das macht uns Angst:
„Ich bin wegen meiner Sünde in Angst" *(Ps 38,19)*.

„Gott richtet" heißt aber auch: Gott rettet.
Er macht alles wieder recht, richtig, ganz und heil.
Gott richtet nicht „hin", sondern „her".

Das Wissen um den „allbarmherzigen" Gott,
der allen alles immer vergibt, könnte uns dazu verleiten,
daß wir Schuld und Sünde nicht mehr ernst nehmen.
Dieses Mißverständnis von der Barmherzigkeit Gottes
wird zunächst dadurch aufgehoben,
daß uns die rettende Liebe Gottes
nur in dem Maß erreichen kann,
als wir uns von ihr erfüllen lassen
und dadurch selbst barmherzig werden.
Gott rettet uns Sünder, aber nicht ohne uns,
das heißt daß wir uns ihm öffnen und uns bekehren
und „neue Menschen" werden.
Solange ich der alte Mensch bleiben will,
kann mich Gott nicht retten,
obwohl er mein Retter ist.

Ferner bleibt es uns nicht erspart,
daß wir uns im Gericht Gottes
so sehen müssen, wie wir sind vor *Gott*.

VIERTER FASTENSONNTAG

Und der Maßstab Gottes ist die Liebe
und nicht der Buchstabe des Gesetzes.

„Mit dem Gericht verhält es sich so:
Das Licht kam in die Welt" –
so lesen wir heute im Evangelium.
Im Lichte Gottes sieht alles anders aus,
als wir es uns vorstellen.
In unseren egoistischen Kategorien von Gut und Böse
sehen wir vieles gar nicht und vieles falsch.
„Um zu richten, bin ich in diese Welt gekommen,
damit die Blinden sehend
und die Sehenden blind werden" *(Joh 9, 39)*.

Ob wir es aushalten können,
wenn wir uns und Gott sehen
ohne Illusion und ohne Selbstbetrug?
Gott wird uns „richten" und retten vor uns selbst
in seiner unbegreiflichen Liebe.
Gottes Gericht ist Gnadengericht,
nicht Strafgericht.

Herr,
du richtest anders als wir Menschen richten.
Nimm mir alle Angst
vor deinem Gericht
und stärke meine Verantwortung
im Dienst deiner Liebe.

FÜNFTER FASTENSONNTAG (JOH 12,20–33)

*„Wenn das Weizenkorn in die Erde fällt und stirbt,
bringt es reiche Frucht."*

Im Tod das Leben finden

Zeichen, Bilder und Symbole helfen uns,
die tiefen Lebenswirklichkeiten erahnend zu erfassen,
die wir – vom Sein her gesehen –
mit unserer oberflächlichen Vernunft
zunächst nicht begreifen können.
Unsere Redeweise: „Ist ja *nur* ein Symbol" zeigt,
wie sehr wir immer noch
und immer wieder
unsere Vernunft verabsolutieren
und sie als Filter
vor die Erlebnis-, Erfahrungs- und Glaubensvorgänge
setzen,
die die primären Wege sind
zur Erschließung der Seinswirklichkeit.

Gott ist nicht ein „Theologe" geworden,
sondern „Mensch",
um uns Menschen menschlich,
das heißt erlebnismäßig zu begegnen.

FÜNFTER FASTENSONNTAG

Die Erlebnis- und Erfahrungsfähigkeit
sitzt nicht im „Kopf",
sondern im „Herzen" des Menschen.
Dazu gehören die Phantasie,
die Ein-Bildungs-Fähigkeit,
die Fähigkeit zu lieben, zu glauben und zu vertrauen.
Mit dem Herzen können wir Gott (das Leben)
er-schauen, er-hören, er-spüren.

Durch den Rationalismus
wurden diese Fähigkeiten des Herzens
häufig verkannt und abgewertet
und dadurch ausgeschaltet.
Die Vernunfterkenntnis
ist der absolut notwendige zweite Schritt:
Nur eine „reflektierte Erfahrung",
ein „reflektierter Glaube",
kann unser Leben in Wahrheit bestimmen.

Das Bild vom sterbenden Weizenkorn
muß man immer wieder anschauen, meditieren
– ja, man muß damit leben,
damit in uns aufgehen kann,
was es uns vermitteln will.
Jeder Biologe wird sagen:
Das gesäte Weizenkorn ist gar nicht tot,
und es „stirbt" auch gar nicht in der Erde.
Aber gerade in der paradoxen Gleichsetzung

82

FÜNFTER FASTENSONNTAG

von Sterben = Fruchtbar-Werden
und Fruchtbar-Werden = Sterben
will uns Jesus zu der tiefen Ein-sicht verhelfen,
daß es keinen absoluten Tod
und keine absolute Ver-Nichtung gibt.
Diese Einsicht hat ihre physikalische Parallele,
die im Satz von der „Erhaltung der Energie"
zum Ausdruck kommt.
Auch im Tod ist Leben;
im Tod erweist sich das Leben stärker als der Tod,
indem es „mehr" wird.
Leben heißt sterben,
und Sterben heißt leben.
Wer das Wesen des Todes nur im Ende sieht
und nicht im Durchgang,
bei dem jedes Ende zugleich Anfang ist,
hat das Wesen des Todes, den Tod,
noch nicht begriffen.
„Der Tod ist die uns zugewandte Seite jenes Ganzen,
dessen andere Seite Auferstehung heißt"
(Romano Guardini).

Sterben ist Fort-Schritt.
Freilich dürfen wir die Schrecken des Todes
nicht verharmlosen.
Jeder Abschied, jeder Verlust
bringt das Bisherige zum Einsturz.
Wer hier nicht trauern kann oder will,

FÜNFTER FASTENSONNTAG

geht – irdisch gesehen – zugrunde.
Wer seinen Todes-Fall annimmt,
gelangt durch die schmerzliche „Trauerarbeit"
zur „Auf-erstehung".
Der Tod wird fruchtbar
in einem erweiterten Bewußtsein
und einer vertieften Einsicht
in die ewige Wirklichkeit des Seins.

Das Symbol des Weizenkorns
hat seine Entsprechung im Symbol des Ostereis:
Schalen müssen hüten, halten, bergen.
Dann müssen sie aber brechen,
damit das Leben zur Entfaltung kommt.
Es gibt kein Zerbrechen,
aus dem nicht Leben schlüpft.
Unser Körper ist nur Schale,
die wir brauchen,
bis sie das Leben selber sprengt.

Herr,
laß mich durch die Symbole
vom Weizenkorn und vom Osterei
immer mehr Abschiedsschmerz und Todesangst bezwingen
und zur unzerstörbaren Lebensfreude gelangen.

PALMSONNTAG (MK 11,1–10)

„Gesegnet sei er, der kommt im Namen des Herrn!"

Mit Jesus mitgehen

Der Palmsonntag ist eigentlich ein Königsfest:
Der König zieht ein in seine Stadt,
um den Thron zu besteigen.
„Stadt" ist Zentrum des Lebens:
In der Stadt verdichtet sich alles,
was zum irdischen Leben gehört.
Der Bürger auf dem Land
muß immer wieder in die Stadt,
um alles zu regeln und zu erledigen,
was für sein Leben notwendig ist.
In der Haupt-Stadt sitzt das „Haupt" (oder das „Herz")
des Volkes und des Staates.
Hoheit, Pracht und Herrlichkeit des Lebens,
aber auch menschliche Niedrigkeit und Verkommenheit
konzentrieren sich in der Stadt, in der Haupt-Stadt.

Jerusalem ist die Hauptstadt von Israel,
die Hauptstadt des Gottesvolkes.
Um sie streiten auch andere Völker,
die sich ihrerseits als Gottesvolk verstehen.

PALMSONNTAG

Viele verstehen nicht,
warum sich Jesus, der „Diener" der Menschen,
einen solch triumphalen Einzug bereitet.
Die Bedeutung des Einzugs Jesu in Jerusalem
liegt in seiner tiefen Symbolik:
Jesus ist kein König wie ein anderer König.
Er ist kein König „*von* Gottes Gnaden";
er ist die Gnade Gottes höchst persönlich.
In Jesus tritt die Gnade Gottes, die Liebe,
die „Herr-schaft" an.
Die Herr-schaft der Herr-lichkeit Gottes
ist schließlich Herrschaft nicht nur über ein Volk,
sondern Herrschaft über alle Völker,
über alle Menschen.
Wenn sich die Herrschaft Gottes durchgesetzt hat,
sind alle Völker und alle Menschen geeint und vereint.
Die Herrschaft Gottes
setzt sich nicht von außen her durch,
sondern von innen.

Die menschlichen Versuche,
einen „Gottesstaat" zu schaffen,
indem man göttliche Prinzipien
den Menschen aufzwingt,
sind alle gescheitert.
Der wahre Gottesstaat, das Reich Gottes,
beginnt im Menschenherzen,
das sich der Herrschaft der Liebe unterwirft.

PALMSONNTAG

Jesus geht es nicht um „Macht-ergreifung"
und Machtausübung;
er will Situationen schaffen,
in denen sich die Menschen selbst bekehren
und sich begeistern lassen
für die Macht der Liebe.
„Ich bete an die Macht der Liebe ..." –
Wenn alle Menschen davon durchdrungen sind,
ist das Reich Gottes vollendet.

In dieser Vorstellung
entsteht die Vision vom himmlischen Jerusalem,
„das sich vom Himmel her
auf die Erde herniedersenkt".
Der König des himmlischen Jerusalems,
der König der Herrlichkeit,
der „im Namen des Herrn (= Gottes) kommt",
der himmlische, in Jesus irdisch verkörperte König,
zieht in das irdische und irdisch „besetzte" Jerusalem ein.
Dies ist der tiefe Sinn des Einzugs Jesu in Jerusalem.

Vor Pilatus bekennt sich Jesus
als der „wahre" König,
als „König der Wahrheit",
der in diese Welt gekommen ist,
um die ewige Wahrheit zu offenbaren und zu bezeugen.
Er ist nicht von Menschen bestimmt,
sondern von Gott gesandt.

PALMSONNTAG

Ein Mensch, der von der Liebe angerührt ist
und der von der wahren Liebe eine Ahnung hat,
wird in den „Insignien" Jesu,
in Kreuz und Dornenkrone,
die Insignien der ewigen Herrschaft der Liebe erkennen.

Unsere Dome und Kirchen
wollen Symbole sein
für das himmlische Jerusalem,
das sich auf die Erde gesenkt hat.
In der Hoffnung auf das himmlische Jerusalem
begleiten wir jubelnd und in tiefer Freude
unseren himmlischen König.
Wenn dann der Triumphzug
in den Kreuzweg mündet,
wird es sich erweisen,
ob wir nur Mitläufer, Nachläufer oder Zuschauer waren
oder ob wir „Nachfolger" sind.

Herr,
gib mir durch deinen Kreuzweg das Vertrauen,
daß ich in meinen Kreuzwegen
nicht zweifle
an der Herrschaft deiner Liebe.

GRÜNDONNERSTAG (1 KOR 11,23–26)

„Tut dies, sooft ihr daraus trinkt,
zu meinem Gedächtnis."

Gedächtnis feiern

Alles, was geschieht,
hat eine Innenseite und eine Außenseite.
Ein Händedruck, ein gutes Wort,
ein verstehender Blick –
das sind äußere, vergängliche Gesten,
die eine innere, geistige Wirklichkeit
– Liebe – vermitteln.
Die Worte „Geste" und „Gebärde" beinhalten
diesen Vorgang:
„Geste" kommt vom lateinischen Wort „gerere"
= etwas „zur Schau" tragen,
etwas Unsichtbares schaubar, sichtbar machen.
„Gebärde" kommt von gebären
= etwas Inneres zur Welt bringen,
in den sinnlichen Erlebnisbereich setzen.
Wir haben unseren Körper,
damit wir uns „äußern" können
und damit wir die Äußerungen anderer
verinnerlichen und verstehen können.

GRÜNDONNERSTAG

Die Not der Körperbehinderten
liegt in der Behinderung der Fähigkeit,
sich, die geistige Person, zu verkörpern.

Die Not vieler gesunder Menschen
liegt in einer gewissen „geistigen" Behinderung.
Die „geistige Behinderung" der Gesunden besteht darin,
daß sie nur
die körperlich-materielle Seite
einer Wirklichkeit
als „real" erachten
und dabei die eigentliche geistige „Substanz"
übersehen.

In unserem materialistischen Denken
verwechseln wir immer wieder
den Inhalt mit der Verpackung.
Inhalt und Verpackung erleben wir zwar in einem,
aber wir müssen sie dennoch unterscheiden,
um der Wirklichkeit gerecht zu werden.

Bevor wir über die Sakramente nachdenken,
sollten wir uns bewußt werden,
daß wir uns überall im Leben
der „Realisation des Geistigen" bedienen,
wenn wir z.B. Liebe realisieren
in einem Händedruck oder in vielen anderen Gesten.

GRÜNDONNERSTAG

Wieviele Glaubensschwierigkeiten
könnten vermieden werden,
wenn man sich bewußt wäre,
daß bei der Eucharistiefeier
keine materiellen Substanzen verwandelt werden,
sondern daß geistige und materielle Wirklichkeit
zusammenfließen und eins werden
und daß das Geistige
mindestens genauso „real" ist wie das Materielle.
Man könnte vielleicht sagen:
Die Realität der materiellen Wirklichkeit
„realisiert" auch die geistige.

Durch die Einheit von Außen und Innen im Symbol
wird es möglich,
daß ich durch das Setzen des Symbols
die gesamte Wirklichkeit wieder „hole"
und vergegenwärtige.
Durch mein Gedächtnis kann ich in meiner Phantasie
und in meiner inneren Vorstellungskraft
ganze Begebenheiten wieder holen
und damit Erlebnisse und Erfahrungen „von früher"
vergegenwärtigen.
Ein Beispiel:
Meine Mutter ist schon lange tot,
aber ich habe die Tasse noch,
aus der sie zum letzten Mal getrunken hat.
Wenn ich mir nun vorstelle,

GRÜNDONNERSTAG

wie meine Mutter immer aus dieser Tasse getrunken hat
und was sie getrunken hat …
Und wenn ich die Tasse in die Hand nehme
und vielleicht auch aus der Tasse trinke,
dann spüre ich die Gegenwart und Nähe meiner Mutter.
Diese Nähe ist eben auch „Realität" –
nicht nur die Tasse.
(Leonardo Boff ist bekannt durch sein Beispiel
vom „Sakrament des Zigarettenstummels"!)
Essen und Trinken haben besondere Bedeutung
als Symbole der „Einverleibung".

In der heutigen ersten Lesung *(Ex 12,1–8.11–14)*
wird das Paschamahl beschrieben.
In streng ritualisierter Form
wird das Paschamahl bis auf den heutigen Tag
immer wieder gefeiert,
das heißt als Symbol wiederholt („wieder geholt"):
Man „gedenkt" bestimmter historischer Ereignisse
und vergegenwärtigt sich die rettende Kraft Gottes,
die man sich „hineinißt" und „hineintrinkt",
um *heute* daraus zu leben.

In der Gedächtnisfeier des Abendmahls
wird uns die gesamte Jesuswirklichkeit gegenwärtig.
Durch das Essen (und Trinken) von Brot (und Wein)
wird sie zu unserer eigenen Lebenswirklichkeit:
„O Jesu, all mein Leben bist du" –

GRÜNDONNERSTAG

das soll kein frommer Spruch bleiben;
das soll immer wieder meine „Realität" werden.
„Mehr" kann es in dieser Welt nicht mehr geben.

Herr,
laß uns das Geheimnis
deines Leibes und Blutes so verehren,
daß wir die Erlösung von aller Angst
immer in uns erfahren.

KARFREITAG (JES 52,13–53,12)

„Zu unserem Heil lag die Strafe auf ihm,
durch seine Wunden sind wir geheilt."

Wunden heilen Wunden

Das biblische Reden vom „strafenden Gott",
vom „Zorn Gottes", vom „Sühnopfer Jesu",
das Bild von Christus
als dem „geschlachteten Osterlamm"
und die vielen Grausamkeiten,
die in der Bibel Gott zugeschrieben werden,
wirken immer wieder störend und zerstörend
auf das Bild von einem allbarmherzigen Gott.
Es scheint, daß auch unser Gott zwei Gesichter hat.
Und je nach unserem Empfinden und Befinden
schauen wir auf das eine
oder auf das andere Gesicht.
Hat unser Gott zwei Gesichter?
Diese Antwort entscheidet nicht die Bibel,
sondern der Mensch,
der an die absolute Liebe glaubt – oder nicht.
Hier gibt es keinen Kompromiß.
In der Bibel kann man
für beides die Bestätigung finden.

KARFREITAG

Der zweigesichtige Gott ist unheimlich;
dem Sensiblen macht er Angst bis zur Neurose;
den seelisch Robusten bestärkt er
in seiner pharisäischen Selbstgerechtigkeit.

Ich glaube an den allerbarmenden Gott,
weil kein anderer und nichts anderes
mich von Angst befreit
und zurückführt in das Urvertrauen,
die einzige Kraft,
aus der ich mein Leben
in Dankbarkeit und Freude
leben und gestalten kann.
Nur der Glaube an einen allbarmherzigen Gott
macht barmherzig.

Der Glaube an einen zweigesichtigen Gott
legitimiert und zementiert bewußt oder unbewußt
die angeborene Rachsucht,
die durch den Glauben
in vergebende Liebe verwandelt werden soll.

Der angstmachende Gott
bewahrt gewiß vor manchen Verbrechen;
er hält die Menschen in Schach –
wenn sie an ihn glauben.
Wir sollen das Gute aber aus Liebe tun
und nicht aus Angst.

KARFREITAG

Und dazu befähigt mich der Glaube
an den allerbarmenden Gott.
Wie kann ich die heillose Zwiespältigkeit
des Glaubens überwinden?

Es gibt zwei Lebensprinzipien,
die sich gegenseitig immer wieder herausfordern:
das „himmlische" (Liebe, Gnade, Vergebung)
und das irdische (Strafe, Vergeltung, Sühne).
Der Satz „Strafe muß sein"
bringt ein irdisches Lebensgesetz zum Ausdruck.
Die Bibel drückt das aus durch die Spannung zwischen
„El" = „Himmelsgott", der sich immer erbarmt,
und Baal = Gott der Welt, Gott der Gesetzlichkeit.
(*Fürst dieser Welt*", *„Fürst der Finsternis*", *„Satan*", *„Teufel*"
sind Begriffe, die unter „Baal" *gefaßt werden können.*)
Am Ende aller Auseinandersetzungen
wird immer El über Baal siegen, wie das Licht
über die Finsternis,
indem El Baal dienstbar macht.

Wenn nun ein Mensch sündigt,
das heißt nicht mehr aus dem Prinzip Liebe
und Vertrauen lebt,
gerät er unter die Herrschaft des anderen Prinzips,
das Rache, Vergeltung, Sühne und Strafe fordert.
Baal verlangt Sühnopfer, nicht El!

KARFREITAG

Der Mensch muß von der „Gefangenschaft der Sünde"
befreit werden;
er muß von Baal (vom „Satan") „freigekauft" werden.
So wird klar, was das heißt:
Jesus nimmt unsere Sünde, Schuld und Strafe auf sich
und bezahlt dafür mit seinem Leben.
Er gibt sozusagen dem Satan, was des Satans ist,
um uns „auszulösen" und als „Beute heimzuführen".

Gott bestraft uns also nie;
aber wenn wir uns von ihm trennen,
sind wir uns selbst ausgeliefert, das heißt
unseren baalischen, angeborenen Gesetzlichkeiten,
die der Erlösung bedürfen.
So sind seine Wunden
der Kaufpreis für die Heilung unserer Wunden.

Gott straft nie;
aber er hat uns so geschaffen,
daß wir ohne seine Liebe
mit uns selbst bestraft sind.
Bei allen Gedanken über Schuld und Sünde
muß uns jedoch bewußt bleiben:
Auch wenn wir Gott verlassen,
verläßt er uns nie.

Wir müssen uns davor hüten,
daß wir dem einen Gott zwei Gesichter geben,

KARFREITAG

indem wir El mit Baal, Gott mit Satan,
Geist und Ungeist verwechseln, vermischen,
oder gar gleichsetzen.

Herr,
befreie mich durch deinen Tod
vom inneren Zwang,
mich und andere
verurteilen und bestrafen zu müssen.

OSTERNACHT (MK 16,1–7)

„Ihr sucht Jesus von Nazaret, den Gekreuzigten.
Er ist auferstanden."

Erschreckt werden

Die Frauen gehen zum Grab
mit wohlriechenden Ölen,
um den Leichnam Jesu zu salben.
Da – erschrecken sie,
weil alles ganz anders als erwartet ist
und weil sie den nicht fanden,
den sie salben wollten.
Schon die Worte „erschrecken", „plötzlich"
verraten etwas von der Augenblickshaftigkeit
der „Überraschungen".
Diese Worte finden wir häufig in der Bibel,
wenn sie von Gotteserfahrungen erzählt.
Manchmal sind es sogar
grausam-schreckliche Ereignisse,
bei denen man lange suchen muß,
bis man Gott auf die Spur kommt.
Interessant ist auch die transitive
und intransitive Bedeutung von „erschrecken":

OSTERNACHT

Wenn *ich* erschrecke,
ist immer etwas da,
das mich erschreckt.

Die meisten Begegnungen mit dem Auferstandenen
beginnen mit einem Erschrecken der Betroffenen.
Aus dem Erschrecken entspringt Angst,
bis man das Neue, Unerwartete „fassen" kann.
Jesus hilft uns aber auch
zur Überwindung von Angst und Schrecken,
indem er uns entgegenkommt
und sich zu erkennen gibt:
„Fürchtet euch nicht – ich bin es".

Gott (Jesus) kommt nicht als „Einbrecher",
der sich uns aufzwingt;
er klopft immer an;
aber sein Anklopfen
kann oft sehr „schrecklich" sein.
Es gibt ein freudiges Erschrecken
und ein leidvolles.
Aber immer ist es ein Signal zum „Aufmachen",
zum *Sich*-Aufmachen
im doppelten Sinn des Wortes:
Ich muß etwas in mich einlassen,
oder/und ich muß aus mir,
aus meinem Schneckenhaus, heraustreten.

OSTERNACHT

Ich erschrecke,
wenn etwas Unvorhersehbares und Unvorhergesehenes,
etwas Unerwartetes
in mein Leben tritt,
wenn mein Gewohntes, mein Gewöhnliches
und meine Gewöhnungen
unterbrochen werden.
Wenn ich mich auf etwas
oder auf jemand „ganz" verlassen habe,
können Einbrüche so schrecklich sein,
daß ich selbst dabei zerbreche.

Das Erschrecken
bewirkt in der Regel immer auch etwas Positives:
daß ich sensibel, „hell-hörig" und „hell-sichtig"
werde,
daß ich aufhören und aufhorchen,
absehen und aufschauen kann,
daß ich feinfühlig und vor-sichtig werde
und mich um ein tieferes Verstehen bemühe.

Je mehr ich mich auf Gott verlasse
und mein Gottvertrauen einübe
durch Beten, Fasten, Feiern und Gutestun,
desto leichter kann jedes Erschrecken
der Beginn einer neuen Gotteserfahrung werden.
In der Liturgie wird das freudige Erschrecken
durch das Aufbrausen der Orgel

OSTERNACHT

und das Läuten der Glocken beim Gloria
zum Ausdruck gebracht.

In meinem Schrecken
kann ich vielleicht die Botschaft des Engels vernehmen:
Erschrick nicht,
er geht dir voraus,
geh ihm nach!
Oder ich höre direkt seine Stimme:
„Fürchte dich nicht – ich bin es".

Herr,
nimm mir die Angst,
wenn ich erschrecke
vor soviel Schrecklichkeiten
in meinem Leben.

OSTERSONNTAG (JOH 20,1–18)

Er sah und glaubte.

Spuren suchen – Spuren lesen

Unsere Probleme mit der Auferstehung Jesu
hat Goethe in einem Satz auf den Punkt gebracht:
„Die Botschaft höre ich wohl,
aber mir fehlt der Glaube".
Die Botschaft ist in vielfältiger Weise gegeben.
Und der Engel macht deutlich:
Wo immer und wie immer diese Botschaft ergeht,
kommt sie von oben, von Gott.
Die dichteste Formulierung
finden wir im Johannesevangelium
aus dem Munde Jesu selbst:
„Ich bin die Auferstehung und das Leben.
Wer an mich glaubt, wird leben,
auch wenn er stirbt" *(Joh 11,25)*.
Ein Pauluswort ist hier auch bedeutsam:
„Wenn es keine Auferstehung der Toten gibt,
ist auch Christus nicht auferweckt worden" *(1 Kor 15,13)*.
Der allgemeine Auferstehungsglaube
liegt demnach der Auferstehung Jesu voraus
und wird durch sie bestätigt.

OSTERSONNTAG

Gleichgültig, *wie* die Botschaft ergeht,
angekommen ist sie erst,
wenn sie den Menschen *innerlich* trifft.
Die Bibel erzählt, daß ganz entscheidende Botschaften
im Traum ergangen sind.
Somit ist auch das Unbewußte ein Ort,
wo Gottes Botschaft erfolgen kann.

Es ist verständlich, wenn wir für die
Auferstehung Jesu,
auf der unser ganzer christlicher Glaube beruht,
Beweise fordern;
aber diese gibt es nicht.
Vielleicht kann man „beweisen",
daß man Auferstehung mit herkömmlichen
Beweismethoden nicht beweisen kann,
ja gar nicht beweisen wollen „darf";
denn könnte man sie beweisen,
dann wäre sie ein rein irdischer Vorgang
und keine Auferstehung in das ewige Leben.
Auferstehung ist ja gerade der Überschritt
vom Irdischen ins Überirdische
und vom Überirdischen ins Irdische.
Schließlich ist einzusehen,
daß man Auferstehung
nur im Glauben erfassen kann
und daß jede Forderung von Beweisen
in sich sinnlos ist.

OSTERSONNTAG

Wenn es auch keine Beweise gibt,
so gibt es doch Spuren und „Anhaltspunkte",
die zur Begegnung mit dem Auferstandenen führen
können.
(„Anhaltspunkte" sind „Drehpunkte"
oder Stellen der „Umhalsung", der Umarmung!)

Spuren Suchen, Spuren Lesen, Spuren Sichern
ist unser Beitrag auf dem Weg zur Osterbegegnung.
Wenn mich die Osterbotschaft „anrührt"
und vielleicht nicht mehr losläßt,
ist das schon ein erstes Zeichen der Begegnung.

Die Er-innerung an das Wirken Jesu in Galiläa
(vgl. Mk 16,7) ist eine heiße Spur:
Im Rückblick auf das irdische Wirken Jesu
kann einem aufgehen,
daß er immer schon der „Ewige",
der ewig Auferstehende war,
der Auferstehende im Menschen.
Die äußeren Spuren führen ins Innere des Menschen,
und der Glaube des Menschen erhellt das Äußere.
„Er sah und glaubte" – er glaubte und sah!
(Man muß den Satz vorwärts und rückwärts lesen!)
Für den Jünger sind die Leinenbinden
und das Schweißtuch zur heißen Spur geworden,
bevor ihnen die innere Einheit
von Tod und Auferstehung aufgegangen war.

OSTERSONNTAG

Je länger wir Spuren suchen,
die zum Auferstandenen führen,
desto mehr werden wir finden:
In der Natur, der Frühling …
Alles irdische Leben und alle irdische Liebe
ist Spur des ewigen Lebens und der ewigen Liebe.

In der Bibel und in der Liturgie:
eine Fülle österlicher Erzählungen
und österlicher Symbole!
Das Verhältnis von Geist und Materie,
das die heutige Naturwissenschaft und Naturphilosophie
anders sieht als früher,
kann für den Wissenschaftler
auch eine heiße Spur werden,
die zum Auferstandenen führt.

Die wichtigste Spur in der Geschichte
ist wohl die Kirche selbst,
die aus dem Auferstehungsglauben entstanden ist.
Aber auch diese Spur kann nur den Gläubigen
zur Begegnung mit dem Auferstandenen führen.

Herr,
laß mich die Botschaft von deiner Auferstehung
gläubig vernehmen
und laß mich die Spuren finden,
auf denen ich dir begegnen kann.

OSTERMONTAG (LK 24,13–35)

Sie sprachen miteinander über all das,
was sich ereignet hatte.

Gedanken austauschen

Bei vielen Ereignissen in unserem Leben ist es so,
daß einem erst „hinter-her", im „nach-hinein",
durch „Nach-denken",
aufgeht, was „eigentlich" geschehen ist.
Und das, was einem hinterher aufgeht,
erweist sich gerade dadurch,
daß es im nachhinein aufgeht,
als das Bleibende,
als das Unvergängliche,
das in vergänglicher Weise erlebt wurde.

So ist es auch bei allen Augenblicken der Glückserfahrung.
Augenblicke des Glücks erlebt wohl jeder Mensch;
aber erst durch das gläubige Nachdenken
kann mir bewußt werden,
daß ich Gott in der menschlichen Begegnung
erfahren habe.
„Einen Engel erkennt man erst,
wenn er entschwunden ist".

OSTERMONTAG

Auch bei Jesus ist es so:
Die ewige Bedeutung des Jesusgeschehens
ist erst nach seinem Tod „aufgestanden"
im liebenden Nachdenken der Jünger.
„Das Vergangene vergeht nicht"
(Carl Friedrich von Weizsäcker);
es vergeht immer nur die jeweils vergängliche Gestalt.
Darum kann Jesus „wiederkommen";
er kann „immer wieder kommen"
(in den vergänglichen Gestalten von Brot und Wein,
im Abendmahl von Emmaus).

Wenn ich aber immer nur alleine nachdenke
und mich nur auf meine eigenen Einsichten
und gedanklichen Stimmigkeiten verlasse,
laufe ich – bei aller Liebe –
doch immer Gefahr, daß ich mich täusche.

Mein Denken hat Grenzen,
die ich selbst oft nicht erkenne.
Wunschdenken und viele andere Momente
trüben leicht den Blick für die Wirklichkeit.

So bin ich in meinem Nachdenken
angewiesen auf Mit-Nachdenker,
mit denen ich durch dieselbe Gesinnung
verbunden bin.
„Die Wahrheit beginnt zu zweit".

OSTERMONTAG

„Während sie ihre Gedanken austauschten,
kam Jesus hinzu und ging mit ihnen".
Und *er* ist es, der ihnen hilft
zu begreifen und zu glauben.
Jesus ist dabei,
wenn zwei oder drei
in seinem Namen versammelt sind.

Die Liebe zu Jesus vereint die Menschen,
und im Dialog dieser Gemeinschaft
entsteht der wahre Glaube,
den letztlich Jesus selbst bewirkt.
Aber auch in der Gemeinde
und schließlich auch in der Kirche
ist die Suche nach dem wahren Glauben
gebunden an das Prinzip Liebe.
„Unfehlbar wahr" ist eine Lehre nur dann,
wenn sie mit dem Glauben an die absolute Liebe
vereinbar ist.
Ob das im Einzelfall und für den Einzelfall zutrifft,
muß letzten Endes
der Betreffende in seinem Gewissen selbst beurteilen.

Auch in der Gemeinschaft der Gläubigen
muß jeder „selbst" glauben.
Nur ein — im Dialog — selbst gefundener Glaube
kann ein Leben tragen;

OSTERMONTAG

ein verordneter, nur äußerlich tradierter Glaube
macht unselbständig und führt zu Ängsten,
von denen der Glaube befreien sollte.
Der Glaube muß „fundamental",
das heißt in sich stehend, sein;
er darf nicht „fundamentalistisch",
das heißt fremdbestimmt und ideologisch, sein.
Nur der „echte", persönliche Glaube
„macht selig".

Herr,
bleib du bei uns,
wenn wir um Glaubensfragen ringen.
Mach meinen Glauben unerschütterlich,
damit er mein Leben trägt.

Zweiter Sonntag der Osterzeit – Weißer Sonntag (Joh 20,19–31)

„Selig sind, die nicht sehen und doch glauben.“

Blind glauben?

Kann man, muß man „blind" glauben?
Wenn man diese Frage beantworten will,
muß man sie mit Ja *und* Nein beantworten.
„Blind" heißt nicht „unkritisch".

Ein unkritischer Glaube
wäre in unserer immer noch von Naturwissenschaft
und Aufklärung geprägten Zeit unglaubwürdig.
Die Kindlichkeit des Glaubens,
die auch den Erwachsenenglauben prägt,
bezieht sich nicht auf die Naivität
und auf die Kritiklosigkeit des Kindes,
sondern auf das Urvertrauen.

Insofern ist der Glaube blind,
als er nicht mit vernünftigen Argumenten
und Gottesbeweisen erzwungen werden kann.
Der Glaube ist und bleibt primär Herzenssache,
und „das Herz hat seine Gründe,

Zweiter Sonntag der Osterzeit

von denen die Vernunft nichts weiß" *(Pascal)*.
Der Glaube schließt die Vernunft mit ein
und ist „vernünftig";
aber die Vernunft schließt den Glauben nicht mit ein,
weil das Glaubenswissen
das Vernunftwissen weit überschreitet.
Ich muß für meinen Glauben so vernünftig
argumentieren,
daß sichtbar wird,
daß mit der Vernunft
der Glaube weder begründet
noch widerlegt werden kann.

Die vernünftige Argumentation
im Bereich des Glaubens
ist heute noch in ganz anderer Hinsicht
von großer Bedeutung.
Das aufklärerische Denken
wird heute vielfach abgelöst von Esoterik
und von vielen absurden bis krankhaften Vorstellungen
zahlreicher religiöser Gruppen.
Die Geistesgabe der „Unterscheidung der Geister"
ist heute wichtiger denn je.
Bei dieser Geistesgabe spielt die Vernunft
eine ganz wesentliche Rolle.

Es ist begrüßenswert und hilfreich,
wenn die Esoterik auf die Wirklichkeiten

Zweiter Sonntag der Osterzeit

in und hinter den Dingen und Geschehnissen hinweist
und sie hervorholt.
Die Probleme beginnen beim Umgang
mit den gewonnenen Einsichten
und bei ihrer Nutzung und Auswertung.

Das, was heute im Bereich von Glaube
und Weltanschauung
an den Menschen herangetragen wird
und wie es an ihn herangetragen wird,
ist so verwirrend und undurchsichtig,
daß jeder, der sich damit auseinandersetzt,
ein hohes Maß an selbständiger Kritik
und Urteilsfähigkeit besitzen muß,
um zurechtzukommen.
Dazu braucht er einige vernünftige,
allgemein einleuchtende Argumente.
Ein wichtiges Argument:
Ein Glaube, der Angst macht,
Feindbilder schafft und spaltet,
kann niemals der wahre sein.

Der „ungläubige" Thomas ist für uns sehr wichtig –
nicht deshalb, weil er „ungläubig" ist,
sondern kritisch und nicht leichtgläubig.
Er will handfeste Beweise.
In einer überwältigenden Begegnung,
die „unter die Haut" ging, darf er Jesus „sehen".

ZWEITER SONNTAG DER OSTERZEIT

Welcher Art diese „Vision" war,
läßt sich nicht ausmachen.
Es geht überhaupt um das Daß der Auferstehung,
nicht um das Wie.

Schließlich wird noch eine wichtige Frage
aufgeworfen und beantwortet:
Kann man ohne Vision oder mystisches Erlebnis
auch zum Osterglauben
und zum Glauben überhaupt gelangen?
Die Antwort Jesu ist klar:
„Selig, die nicht sehen (= die keine Visionen haben)
und doch glauben".

Die Begegnung mit glaubwürdigen Glaubenszeugen
ist wohl der häufigste und normale Ort,
wo der Glaube „überspringt"
und entsteht durch „Ansteckung".

Herr,
laß mich glaubwürdigen Menschen begegnen
und mach mich selbst
zu einem glaubwürdigen
Glaubenszeugen.

Dritter Sonntag der Osterzeit
(Lk 25,35–48)

„Faßt mich doch an, und begreift:
Kein Geist hat Fleisch und Knochen."

Das Unbegreifliche begreifen

Die meisten biblischen Erzählungen,
besonders die Weihnachts- und Ostererzählungen,
sind für Kinder geschrieben
und für die Erwachsenen,
die kindlich naiv denken können,
aber zugleich in der Lage sind,
positiv-kritisch mit der Bildersprache umzugehen.

Ein Kind fragt bei Erzählungen wie der heutigen nicht:
Ist das wirklich so gewesen, wie es hier steht?
Kinder zwischen drei und sieben Jahren
sind in der Regel naive Mystiker;
für sie existiert die Grenze noch nicht
zwischen Bildwirklichkeit und äußerer Realität,
zwischen Phantasie und nüchterner Sachlichkeit.
Für sie sind auch die toten Dinge
beseelt und lebendig.

DRITTER SONNTAG DER OSTERZEIT

In unserer Zeit hat man wieder entdeckt,
wie wichtig die Phantasie ist,
um mit ihrer Vorstellungskraft Wirklichkeiten
zu erfassen,
die man realistisch nicht erfassen kann.
Phantasieübungen und Hypnose
sind heute wichtige Methoden in der Therapie.
In der Meditation
kann man Menschen
auf Grund von „Stell-dir-vor"-Übungen
mit Wirklichkeiten in Berührung bringen,
die realistisch und rational
nicht vermittelt werden können.
Mit realistischen Elementen
werden geistige Wirklichkeiten
durch die innere Erlebniskraft
– durch die „Ein-Bildungskraft" –
zum Leben erweckt.
Bei der ungegenständlichen Malerei
wird inneren Erlebnissen
unmittelbar durch Farbe und phantastische Formen
Ausdruck verliehen.
Dieser „Bildkanal" dient in beiden Richtungen:
zum Empfangen und zum Weitergeben
von Wirklichkeiten.

Ähnlich wie die Bilder
vermitteln auch Töne durch die Musik Wirklichkeiten;

DRITTER SONNTAG DER OSTERZEIT

jedoch sind hier die rationalistisch-realistischen Probleme
von vornherein ausgeschaltet
(vgl. „Auferstehungssymphonie" von *Gustav Mahler*).

In der Entwicklung des Kindes
folgt auf die „mystische" Phase
die kritische Phase,
in der biblische Erzählungen, Märchen, Fabeln
als „unwahre" Geschichten abgetan werden.
Der Erwachsene muß diese Phase überwinden,
damit er jetzt mit kritischer Vernunft
die Symbolvorgänge zu durchschauen lernt.
Falls dies nicht gelingt,
bleibt der Glaube an sinnlosen äußeren Fragen hängen,
zum Beispiel:
Kann sich der Auferstehungsleib „materialisieren"?
Kann man den Auferstandenen physisch berühren?
Kann man mit dem verklärten Leib
einen nicht verklärten Fisch essen? …
Solche Fragen kann man nicht
oder nur mit einem „möglicherweise" beantworten.
„Das mußt du glauben"
wäre auf alle Fälle die falsche Antwort.

Für kritisch denkende Menschen
werden solche Geschichten
in ganz anderer Weise
zur unschätzbaren Glaubenshilfe.

DRITTER SONNTAG DER OSTERZEIT

Unsere Geschichte ist ein *Zeugnis* – *kein Beweis*
für die Begegnung mit dem Auferstandenen.

Das Eigentliche bei Begegnungen
– Freude, Erkennen, Glück –
ist immer ein inneres Geschehen.
Äußerlich halten die Jünger
(auch in anderen Ostererzählungen)
Jesus für einen Geist, für ein Gespenst.
Er muß ihnen innerlich begegnen
und ihre (inneren) Augen öffnen;
dann können sie ihm begegnen.

Gleichgültig, was äußerlich geschehen ist –
unsere Ostererzählung ist in jedem Fall eine Sinngestalt,
mit der die Begegnung mit dem Auferstandenen
anschaulich bezeugt wird.
Bedeutsam bei unserer Geschichte
ist der Hinweis Jesu
auf Mose, die Propheten und die Psalmen:
Die Auferstehung Jesu
ist die Erfüllung der alten Verheißungen.
Ferner ist hier die Osterbegegnung wieder verbunden
mit dem Essen (Mahl, Eucharistie).
Manche Ostererzählungen kann man verstehen
als Bestätigung des Abendmahlgeschehens,
in dem die Auferstehung Jesu
als Symbolwirklichkeit schon vorweggenommen ist.

DRITTER SONNTAG DER OSTERZEIT

Durch diese Überlegungen
könnte uns die Eucharistiefeier wieder bewußt werden
als Ort der wirklichen (!) Begegnung
mit dem Auferstandenen,
so daß auch wir durch das Erlebnis unserer Osterfeier
sagen können:
„Der Herr ist wahrhaft auferstanden";
des sind wir Zeugen,
des bin ich Zeuge.
Unsere Osterbegegnung
werden wir dann durch unsere persönlichen,
neuen Ostergeschichten weitererzählen.

Herr,
erleuchte meine Vernunft
und öffne mir die Augen,
damit ich mehr begreife,
als ich begreifen kann.

VIERTER SONNTAG DER OSTERZEIT
(JOH 10,11–18)

„Der gute Hirt gibt sein Leben hin für die Schafe."

Für das Leben „gerne" sterben

Unter den „heilenden Gottesbildern"
ragt das vom guten Hirten besonders hervor.
Im heutigen Abschnitt des Gut-Hirten-Evangeliums
wird die gute Beziehung zwischen Hirt und Herde
besonders deutlich gemacht:
Dem Hirten „gehören" die Schafe.
„Gehören" heißt nicht „besitzen"!
„Gehören" ist die innige Beziehung,
die entsteht, wenn man „Gehör" findet.
Schafe und Hirt „hören" aufeinander;
sie „horchen" aufeinander;
sie kennen sich „an der Stimme".

Unsere menschlichen Beziehungen
leiden oft sehr darunter,
daß wir uns nicht „gehören";
wir wollen einander besitzen und ausnützen;
und so geht uns oft das Glück verloren,
das nur entsteht, wenn wir aufeinander „eingehen".

VIERTER SONNTAG DER OSTERZEIT

Jesus geht ganz auf die Menschen
und in die Menschen ein;
er kennt die Menschen;
er kennt sich „aus" mit den Menschen.
So, wie er Gott kennt und Gott ihn kennt,
so kennt er die Menschen –
in menschlicher Identität.
Er kennt mich besser, als ich mich kenne,
Wenn ich auf ihn höre, ihm folge,
lerne ich mich selber besser kennen.

Jesus bekennt sich
zum guten Hirten auch der „anderen" Schafe:
Jesus gehört allen Menschen,
auch denen, bei denen er noch kein Gehör
gefunden hat.
Er weiß:
Am Ende werden alle auf seine Stimme hören
und ihm gehören.

Der gute Hirte gibt sein Leben
für das Leben der Schafe.
Er gibt sein Leben für *das* Leben hin.
Er gibt es gerne hin,
das heißt ungezwungen,
in der völligen Freiheit und Freiwilligkeit der Liebe.
Gott liebt ihn,
weil er liebt, bis zur Hingabe des Lebens.

VIERTER SONNTAG DER OSTERZEIT

Niemand „entreißt" ihm sein Leben;
er hat die Macht, es zu geben und zu nehmen.
Diese Worte unterstreichen zunächst
die Freiwilligkeit der Lebenshingabe Jesu:
Auch wenn äußerlich Jesus getötet wird,
wenn ihm sein Leben gewaltsam genommen wird,
hat er sich praktisch und doch freiwillig
dem Haß der Menschen ausgeliefert,
um seinen Schafen
die „Liebe bis zum letzten",
die Liebe, die stärker ist als der Haß,
zu bezeugen.
Niemand nimmt ihm das Leben.
Nur *er* hat die Macht,
sein Leben zu geben und zu nehmen,
oder sein Leben zu nehmen,
um es zu geben.
„Eine größere Liebe hat niemand …"

Als das „Lamm Gottes",
das geduldig alles auf sich nimmt,
um die unbegrenzte Stärke und Tragkraft
der göttlichen Liebe zu offenbaren,
ist Jesus unser „guter Hirte" geworden.
Die Betroffenheit von dieser Liebe
bewegt uns zur Bekehrung und zur Nachfolge.
So finden wir die Geborgenheit in seiner Herde.

VIERTER SONNTAG DER OSTERZEIT

Das Wort:
„Ich gebe mein Leben hin, um es wieder zu nehmen",
hat gewiß noch einen tieferen Sinn:
Jesus gibt sein Leben in den Tod,
um es aus dem Tod wieder zu nehmen –
jetzt als unsterbliches Leben.
Durch Sterben wird das Leben unsterblich.
Der Tod macht das Leben „immun" gegen den Tod,
so wie eine durchgestandene Krankheit
gegen die Krankheit immun macht.

Das paradoxe Wort: „Für das Leben gerne sterben"
könnte man hier so verstehen:
im Hinblick auf das ewige Leben
den Tod annehmen können.
(Im Weizenkorn-Gleichnis ist der Zusammenhang
von Tod und Leben bildhaft dargestellt.)

Herr,
du guter Hirte,
wecke in mir die Freude
zu deiner Nachfolge.
Schenk mir die Liebe zu deiner Herde
und laß mich in ihr geborgen sein.

FÜNFTER SONNTAG DER OSTERZEIT
(JOH 15,1–8)

„Wer in mir bleibt und in wem ich bleibe,
der bringt reiche Frucht."

Gut dran sein

Das Weinstockgleichnis gehört auch
zu den heilenden Gottesbildern.
„Ich bin der Weinstock, ihr seid die Reben" –
das ist das Bild für die Kirche im Johannes-Evangelium.
Dieses Bild zeigt uns aber auch den Sinn unseres Lebens,
der uns vorgegeben ist
und in dem wir unser Glück finden
für Zeit und Ewigkeit.
Ich muß irgendwo „dran" und irgendwo „drin" sein,
wenn ich gut dran sein will.
Ein Blatt, das nicht mehr am Stamm ist
und nicht mehr teilhat am Strom des Lebenssaftes,
verdorrt.

Jeder muß selbst leben aus einer Lebenskraft,
die er selbst nicht erzeugt.
Wer den Lebenssaft eines anderen „anzapft",
wer sein Ich einem anderen auflastet

FÜNFTER SONNTAG DER OSTERZEIT

und innerlich und äußerlich
von einem anderen leben will,
der zerstört das eigene Leben
und das des anderen.
Um glücklich zu sein,
dürfen wir uns alle
nicht aneinander festmachen
und uns gegenseitig nicht vereinnahmen.
Wir müssen uns vielmehr gemeinsam
am Stamm, an Christus, festmachen;
dann sind wir alle „gut beisammen"
und insgesamt gut dran.

Christus ist gekommen,
„damit wir das Leben haben
und es in Fülle haben".
Am Stamm des Kreuzes
ist diese Liebe offenbar geworden
in ihrer Offenheit für alle.
Wenn wir in ihm, in seiner Liebe sind,
sind wir geborgen und geeint.
Dies ist aber nicht genug:
Die Liebe Gottes ist auch „fruchtbar" geworden;
Jesus, der wahre Weinstock,
trägt keine kernlosen Trauben!
Wir sind nicht nur in *seiner* Liebe.

FÜNFTER SONNTAG DER OSTERZEIT

Seine Liebe ist wie ein Same,
der in *uns* aufgeht
und uns selbst zum neuen Weinstock macht.
Seine Liebe wird in uns fruchtbar;
wir sind seine Früchte.
Seine Liebe macht uns fruchtbar;
seine Frucht wird unsere Frucht,
die wir zum Leben
und zur Weitergabe des Lebens
in die Welt tragen.
Früchte werden Stämme, die Früchte tragen.
So ist das Leben immer neu und jung.
Frucht sein und Früchte tragen –
das ist der ewige Sinn
des vergänglichen Lebens.

Das Weinstockbild hilft uns auch,
die schmerzlichen Trennungen und Ablösungen,
die das Leben bringt,
anzunehmen und zu verkraften:
Die Kraft Gottes in uns, die Liebe,
macht uns fähig,
daß wir uns von liebgewordenen
Gewohnheiten, Wünschen und Plänen trennen können,
die der Liebe entgegenstehen,
und die unsere Reifungsprozesse hemmen.
Wenn wir an die Liebe Gottes glauben,
die um uns und in uns wirkt,

FÜNFTER SONNTAG DER OSTERZEIT

können wir andererseits das Vertrauen gewinnen,
daß die schicksalhaft auferlegten
Trennungen, Verzichte und Ablösungen
einen Sinn haben
und unserer Reifung dienen,
auch wenn wir das jetzt
noch nicht erkennen können.

Das Feuer („Fegefeuer"), in das die verdorrten Reben
geworfen werden,
ist die „Wiederaufbereitungsanlage" Gottes:
Toter Stoff wird in Energie und Erde verwandelt.
Unsere Bosheit kann Gott in Liebe verwandeln,
wenn wir das wollen.

Herr,
laß mich und alle Menschen
mit dir gut dran sein.
Mach auch mich zum Weinstock,
mit dem die anderen gut dran sind.

SECHSTER SONNTAG DER OSTERZEIT
(JOH 15,9–17)

„Vielmehr habe ich euch Freunde genannt."

Die Freude in sich haben

Im heutigen Text finden wir
die geistliche Auslegung des Weinstockgleichnisses.
Es geht um die Freude,
um die Freude *in* uns,
um die vollkommene Freude,
um die unzerstörbare und unverlierbare Freude.

Jesus hat diese Freude –
jene Kraft, mit der er Leid und Tod
und unseren Haß und unsere Bosheit
bestanden hat.
Er will uns seine Freude geben,
damit sie in uns ist
und unsere Freude vollkommen macht.
Der Ursprung dieser Freude ist das Einssein mit Gott –
die „innergöttliche" Liebe.
Jesus trägt diese Liebe zu den Menschen,
ja in die Menschen hinein,
wenn sie ihn annehmen und aufnehmen.

SECHSTER SONNTAG DER OSTERZEIT

Jesus selbst zeigt den Zusammenhang der Liebe:
„Wie mich der Vater geliebt hat, so liebe ich euch. –
Liebet einander, wie ich euch geliebt habe."

Wir Menschen können die Liebe nicht erzeugen;
wir können nur lieben als Antwort auf Liebe.
Weil Gott uns „zuerst" geliebt hat,
und weil er uns geliebt hat,
„als wir noch Sünder waren",
darum können wir lieben.
Jesus betont ausdrücklich,
daß der Anfangsimpuls der Liebe
von ihm ausgeht:
„Nicht ihr habt mich erwählt,
sondern ich habe euch erwählt ..."
In dieser antwortenden Liebe
geben wir die Liebe Gottes
und damit den Ursprung der Freude
weiter an die Mitmenschen.

Jesus verlangt, daß wir seine Gebote halten.
Liebe braucht Gebote.
Wenn einer, der lieben will, fragt:
Was muß ich tun?
So ist die erste Antwort: „Halte die Gebote".
Dies ist die erste Antwort, aber nicht die letzte!
Die letzte Antwort kommt immer
aus dem liebenden Herzen und aus dem Gewissen.

Sechster Sonntag der Osterzeit

Alle Gebote dienen der Liebe,
aber sie ersetzen sie nicht.

Jesus nennt seine Jünger
nicht mehr „Knechte", sondern „Freunde".
Der Knecht übt blind
die Befehle seines Herrn aus.
Der Knecht hat kein eigenes Ich;
er hat selber nichts zu denken
und nichts zu bestimmen.
Wenn Jesus bei Jesaja der „Gottesknecht"
genannt wird,
so will das besagen,
was später die Theologie so klärt:
Jesus hat eine göttliche und eine menschliche Natur,
aber nur die eine göttliche Person.
Darum war er als Mensch „Knecht" Gottes.

Die Jünger Jesu sind nicht mehr „Knechte" Gottes;
Jesus nennt sie „Freunde".
Sie haben keine göttliche,
aber eine menschliche selbstverantwortliche Person,
die erfüllt und bestimmt ist
von der Liebe Gottes:
„Wir haben von seinem Geist empfangen."
Ein Freund tut bewußt und selbstverantwortlich,
was im Sinne des Freundes und der Freundschaft liegt –
nicht „blind"!

SECHSTER SONNTAG DER OSTERZEIT

Jesus hat wohl organisatorisch keine Kirche gegründet,
aber er hat sie be-wirkt
und bewirkt sie ständig neu,
indem er seinen Freunden
die Liebe Gottes zur Weitergabe anvertraut hat –
je nach ihrer Begabung
zu ihrer persönlichen Verantwortung.
Darum lebt die Kirche immer noch
und immer wieder neu
vom Dialog und von der Kommunikation
der einzelnen,
die den Geist Jesu empfangen haben.
Die Stärke der Kirche
liegt nicht in ihrer äußeren Macht,
sondern in der „Freude am Herrn" *(vgl. Neh 8,10).*

Herr,
stärke mich durch die Freude
in deiner Freundschaft
und laß mich die Verantwortung
für deine Freundschaft
nie vergessen.

CHRISTI HIMMELFAHRT (APG 1,1–11)

„Was steht ihr da und schaut zum Himmel empor?"

Nachsichtig und vorsichtig werden

Es gibt so etwas wie eine Urahnung der Menschen,
daß Propheten,
Menschen, die „von drüben" kamen,
zurückkehren und wiederkommen.
Die Vorstellungen von diesem Wiederkommen
sind freilich sehr verschieden.
Die Buddhisten glauben
an die ständige Wiederkehr Buddhas.
Viele Juden zur Zeit Jesu glaubten,
Elia, der in den Himmel „auffuhr",
werde wiederkommen
als der unmittelbare Vorläufer des Messias.
Wir glauben, daß Jesus „wiederkommen" wird,
um das Reich Gottes zu vollenden.

Das „Wiederkommen" Jesu
ist eine Vorstellungshilfe für etwas,
das man sich eigentlich nicht vorstellen kann,
weil Gott immer „ganz anders" kommt.

CHRISTI HIMMELFAHRT

Kommen und Gehen, Gehen und Kommen
sind zwei Seiten einer Münze,
die „Zeit" heißt.
Kommen und Gehen sind die Weisen,
wie das Ewige „gezeitigt" wird.
Jeder Abschied ist der Beginn der Ankunft,
und in jeder Ankunft meldet sich bereits
der Abschied an.
So steckt in jedem Abschied
der Keim der Hoffnung
und in jeder Ankunft
die Wehmut des Abschieds.

Lukas erzählt, daß die Jünger „voll Freude"
nach Jerusalem zurückkehrten:
Die Himmelfahrt Jesu
ist für sie ein Neubeginn geworden.
Zuvor aber mußten sie Abschied nehmen
und Jesus „nach-schauen", „nach-sehen".
In diesem „Nach-sehen" ereignet sich Gewaltiges:
Jesus lenkt unseren Blick zum Himmel;
er erweitert unseren Denkhorizont für das Ewige.
Jesus verschwindet nicht im Abseits,
sondern „in der Wolke",
das heißt in Gott.
Da ist er jetzt „verschwunden"
und zugleich immer da
in der Allgegenwart Gottes.

CHRISTI HIMMELFAHRT

So wird unser Nach-sehen zum Voraus-sehen,
die „Nachsehung" zur „Vorsehung";
wir werden „nach-sichtig"
und gerade dadurch „vor-sichtig" –
vorsichtiger in unserem Denken und Reden
über Gott und die Welt und die Menschen,
über Jesus und seine Kirche.

Der Blick der Jünger
wird wieder auf die Erde gelenkt,
auf das, was wir unmittelbar vor uns sehen.
Der Blick nach oben muß abgelöst werden
vom Blick nach unten.
Unser Blick bleibt nur scharf
im Wechsel von Aufblick und Abblick,
Auf-sehen und Ab-sehen.

Bei einem schweren Verlust,
wo wir ein schmerzliches Nachsehen haben,
wenn vielleicht ein Geliebter tot
in die Erde gesenkt wird,
kann uns nur das Absehen und das Aufblicken trösten:
Das Aufblicken zu den „Bergen",
zu den „Wolken", zu den „Sternen",
das Aufblicken zu Gott,
dem wir in der Schöpfung begegnen.

CHRISTI HIMMELFAHRT

Wir könnten auch viel besser und glücklicher
zusammen leben,
wenn wir nachsichtiger
und dadurch vorsichtiger miteinander umgingen.
Wenn man die Lebensgeschichte eines Menschen kennt,
die tragischen Verhängnisse, sein Schicksal,
die Einflüsse von außen auf sein Leben –
wird man sehr vorsichtig im Urteil über ihn,
wenn man überhaupt noch urteilen kann.
Nachsehen macht verständig;
Verstehen macht barmherzig.
Alles verstehen heißt gewiß nicht
alles gut heißen, –
aber mit dem Bösen
„gut umgehen" können.

Unser Urteil über die Kirche,
die kirchlichen Institutionen und Amtsträger
würde gewiß auch gnädiger ausfallen,
wenn wir nachsichtiger wären,
das heißt wenn wir nachsehen wollten,
wie viele Momente dazu geführt haben,
daß alles so ist, wie es ist.
Wir könnten die alte Weisheit besser einsehen:
Wo viel Licht ist, ist auch viel Schatten;
und:
Wo viel Schatten ist,
da muß auch viel Licht sein.

135

CHRISTI HIMMELFAHRT

Solche Weisheiten
gelten im kleinen
wie im großen.

Herr,
laß mich im Aufblick zu dir
nachsichtig werden,
damit ich mit Einsicht und Vorsicht
meine Aufgaben in der Welt
erfüllen kann.

SIEBTER SONNTAG DER OSTERZEIT
(JOH 17,6A.11B–19)

„Bewahre sie in deinem Namen, den du mir gegeben hast,
damit sie eins sind wie wir."

Geeint werden – eins sein

Im „Hohepriesterlichen Gebet" Jesu
ist das ganze Anliegen Jesu
und sein Sendungsbewußtsein
mit einem Wort zum Ausdruck gebracht:
Jesus kam, um die Menschen „einig" zu machen,
um die Menschen von ihrer Sünde (= „Sonderung")
zu heilen.
Die „Krankheit der Sünde" ist die Isolation,
das Uneins-Sein
mit sich selbst, mit den Menschen, mit der Schöpfung
und mit Gott, dem Schöpfer.

Wenn sich auch Jesus zunächst
nur gesandt weiß
„zu den verlorenen Schafen des Hauses Israel",
so ist dies doch zu verstehen
als nur der Anfang
des Einigungsprozesses der ganzen Menschheit.

Siebter Sonntag der Osterzeit

Alle unsere menschlichen Probleme
vom Frieden mit sich selbst
bis zum Frieden der Völker
kann man als Einssein-Probleme verstehen.

Was das Einssein für die Menschen bedeutet,
hat Jesus auch in einem Satz ausgedrückt:
„… damit sie meine Freude in Fülle in sich haben" –
die Freude *in* Fülle
und die Freude *als* Fülle,
als „Er-füllung" unseres menschlichen Daseins.

Mit dem Einssein
ist uns auch das wichtigste
und für jedermann einsichtige
Kennzeichen für Gott gegeben:
Alles, was eint, kommt von Gott;
alles, was spaltet, ist vom Bösen.
Jeder Mensch, sofern er einend, versöhnend wirkt,
ist „aus Gott geboren".
Man kann den Satz auch umkehren:
Gott eint alles –
wer alles eint, ist Gott.

Hier erweist sich auch der „wahre Glaube":
Überall, wo man an einen alleinen
und alleinenden Gott glaubt,
ist der „wahre" Glaube vorhanden.

SIEBTER SONNTAG DER OSTERZEIT

Diesen wahren Glauben
findet man nicht nur
in der christlichen Religion.

Einssein geschieht nicht durch Verschmelzung.
Der einzelne wird nicht eingeschmolzen,
sondern in Beziehung gesetzt.
Einende Kraft – Gott – ist Beziehung.
Verschmelzung ist Auslöschung, „Kurzschluß" –
das Gegenteil von Liebe.
Einigung ist nicht Gleichmacherei.
Einigung verlangt die Anerkennung
der Andersheit der anderen.

Jesus ist es noch nicht gelungen,
die Menschheit zu einen.
Aber es ist ihm durch sein Leben und Sterben möglich
geworden,
die ewige Liebe als die ewig-alleinende Kraft
zu offenbaren und glaubwürdig zu bezeugen.
Deshalb haben wir die Hoffnungsgewißheit,
daß *am Ende,* „im Jüngsten Gericht",
alle eins werden,
so daß letztlich alle eins sind.
(Gute und Böse, Verbrecher und ihre Opfer –
wenn sie sich bekehren!)

SIEBTER SONNTAG DER OSTERZEIT

Jesus konnte nicht einmal seine Jüngerschar
irdisch einen und einigen.
Die Einigung durch Gott (Jesus) schließt die Freiheit
des Menschen nicht aus,
sondern ein.
Jede Einigung ist ein schwieriger
und langwieriger Prozeß.

So stoßen wir auf das Judas-Problem.
Judas, der „Sohn des Verderbens",
ist nicht einfach der Bösewicht,
der „Verräter", der „Gottesmörder",
der dann Selbstmord begeht
und in die Hölle kommt.
Jesus schließt ihn nicht aus;
er wäscht auch ihm die Füße
und reicht ihm den Becher.
Judas ist der „Querdenker", der Herausforderer,
der vielleicht mehr auf die Macht der Gewalt
als auf die Macht der Liebe sieht.

Jedes Querdenken gegen die Liebe
ist verderblich und führt zum Verderben.
Jesus nennt sogar Petrus „Satan",
als dieser zu Jesus sagt,
nachdem Jesus sein Leiden ankündigt,
„dies sei fern von dir".
Wer vermag den Tod des Judas zu beurteilen?

SIEBTER SONNTAG DER OSTERZEIT

Vielleicht wollte er,
der von Jesus total Enttäuschte,
dem dennoch leidenschaftlich geliebten Meister
im Tod nachfolgen?
Wer Jesus liebt,
wird sicher über Judas
kein „abschließendes" und endgültig
ausschließendes Urteil
fällen können.

Herr,
laß mich durch deine Liebe
einssein mit dir und den Menschen.
Gib mir die Kraft,
die Querdenker zu ertragen
und bewahre mich davor,
selbst ein Querdenker zu werden.

Pfingsten (Apg 2,1–11)

Alle wurden mit dem Heiligen Geist erfüllt.

Belebt werden, lebendig sein

Die Symbole der Kraft Gottes,
der „ewig belebenden Liebe" *(Goethe)*,
faszinieren uns immer wieder neu;
sie führen uns immer noch tiefer
in das Geheimnis des ewigen Lebens.
Die Symbole des Lebens
sind Symbole rhythmischer Verwandlung:
Der Sturm verwandelt die Erstarrung in Bewegung;
das Feuer verwandelt Materie („Masse") in Energie;
die Zunge – das Wort, die Sprache –
verwandelt den toten Buchstaben
in Geist und Leben.

Alles Leben ist bewegtes Leben,
das wieder bewegt.
Aristoteles kommt durch diesen Zusammenhang
zu einem letzten bzw.
ersten „unbewegten Beweger".
Mit diesem Gedankengang
versucht man, Gott zu „beweisen".

PFINGSTEN

Aber alle Gottesbeweise
können den Glauben nicht erzeugen,
sondern nur bestätigen,
wenn er bereits vorhanden ist.

Der Baum, der sich im Sturm bewegt,
die Ähren, die sich im Winde wiegen,
das Wasser, das im Winde Wellen schlägt,
zeigen uns, wie die Ich-Erfahrung geschieht,
und wie das Selbst entsteht:
Der Baum *wird* bewegt
von der unsichtbaren Kraft des Sturmes.
Indem er bewegt *wird,* bewegt *er sich selbst.*
Ich erlebe mich als „Ich-Selbst"
nicht „aus mir selbst",
sondern weil mich einer „selbstet".
Das „Urselbst"
macht mich zum „Selbst",
indem es mich anrührt und „be-lebt".

In allen meinen Lebensfunktionen
kann ich mich selbst erleben.
Aber zur „Lebensfreude" gelange ich erst,
wenn mir aufgeht,
daß jemand da ist,
der mich will,
der will, daß es mich gibt –
jemand, der mich immer liebt.

PFINGSTEN

Bei den vielen – letztlich sogar befreienden –
Enttäuschungen unseres Lebens
ist das bewußte Erleben der Natur
und der eigenen Lebensfunktionen
wie Essen und Trinken,
Berühren und Berührt-Werden,
der nächstliegende Weg,
um den Glauben und das Bewußtsein
zu erlangen,
daß es gut ist, daß es mich gibt.
Wenn dieses Bewußtsein
in der Lebenserfahrung selbst gründet,
bin ich in meiner Lebensfreude
letztlich auf keinen Menschen mehr angewiesen.
Im Gegenteil:
Wenn ich aus dem Leben selber lebe,
– aus der ewigen Liebe Gottes –
können mir alle Begegnungen mit Menschen
und mit den anderen Geschöpfen
zur wahren Freude gereichen.

Das „Wissen" um den „ersten unbewegten Beweger",
um das „Urselbst" und „Ur-Du",
um die „ewige" Liebe und das „ewige" Leben,
das Wissen um Gott –
bleibt bei aller Anstrengung der Vernunft
und bei aller Meditation
Glaubenswissen, das man nicht erzwingen kann.

PFINGSTEN

Das Geschenk des Glaubens
ist wohl der tiefste Erweis der Liebe Gottes.
Wir Menschen tun uns sehr schwer damit,
dieses Geschenk anzunehmen.

Oft müssen Menschen viel „durchmachen"
und viele Frustrationen und Enttäuschungen erleben,
bis sie an die Schwelle des Glaubens gelangen.
Die vielen Warum-Fragen an dieser Stelle
haben keine Antwort.
Das letzte „Warum" verschwindet,
wenn es sich wandelt zum „Wozu".

Schließlich ist noch wichtig,
alle Bewegungen des Lebens
als rhythmische Bewegungen zu erkennen.
Der Zweig bewegt sich im Winde
hin und her – auf und ab.
In den Rhythmen des Lebens
erweist sich das Leben als das absolut immer Stärkere:
Im Tod
erweist sich das Leben stärker als der Tod;
im Leid erweist sich die Freude stärker als das Leid;
im Haß erweist sich die Liebe stärker als der Haß;
in der Finsternis erweist sich das Licht stärker
als die Finsternis.
In diesen Erfahrungsweisheiten
finden wir letztlich die Lösung aller Probleme.

PFINGSTEN

Die Pfingstsymbole helfen uns auf dem Weg
zu diesen Weisheiten.

Herr,
laß mich im Auf und Ab
meines Lebens
immer wieder die Kraft
des ewigen Lebens spüren.

PFINGSTMONTAG (Lk 10,21–24)

„Selig sind die, die sehen, was ihr seht,
und hören, was ihr hört."

Christlich „gebildet" sein

Jesus preist die Unmündigen, die Kinder,
die Menschen,
die sich ihre Kindlichkeit bewahrt haben,
die Menschen, die mit dem Herzen sehen
und hören können.
Es geht um die Fähigkeit,
Bilder, Zeichen und Symbole zu verstehen.
Wer nicht mit Bildern umgehen
und in Bildern denken kann,
kann Gott nicht sehen.
„Selig, die ein reines Herz haben;
sie werden Gott anschauen" (schon jetzt – *Mt 5,8*).
Oft sind es Menschen,
die intellektuell nicht so sehr begabt sind,
die das „reine Herz" haben,
das Gott schauen kann.

Gott hat uns geboten,
daß wir uns kein Bild von ihm machen sollen.

PFINGSTMONTAG

Unsere selbstgemachten Gottesbilder
sind immer falsch.
Wir brauchen aber Bilder,
gerade um die geistigen und geistlichen
Wirklichkeiten zu erfassen.
Deshalb ist Gott Mensch geworden,
damit wir von Gott ein authentisches Bild haben.
Jesus ist das Ebenbild des Vaters;
wer ihn sieht und hört,
erfährt Gott.

Wer nicht an Jesus glaubt,
stellt sich die Frage:
Woher nimmt Jesus das Recht,
sich als Sohn Gottes,
als „eins mit dem Vater" zu verstehen?
Auch in unserer Zeit gibt es viele,
die sich Propheten nennen,
wo man sich fragen muß:
Sind sie echt oder krank oder beides?

Bei der Tempelreinigung fragen die Menschen auch:
Woher nimmst du das Recht,
daß du dies tun darfst?
Und im Prozeß Jesu wird deutlich,
daß er angeklagt wird wegen der Anmaßung,
sich selbst „Sohn Gottes" und „König der Juden"
zu nennen.

PFINGSTMONTAG

Für den Glaubenden
erweist sich die „Echtheit" Jesu
in seinem Tod am Kreuz,
den er freiwillig aus Liebe zur Menschheit
auf sich genommen hat.

Jesus hat aus seinem Gottsein
kein Geschäft gemacht
wie viele Gurus unserer Zeit.
Er drängt sich auch nicht auf;
er offenbart sich auch nicht allen,
sondern nur Menschen,
die ihm zugetan sind,
die für ihn offen sind.
Dazu gehört wohl auch
der heidnische Hauptmann unter dem Kreuz,
dem in den Todesereignissen Jesu aufgeht:
Wahrhaftig – Jesus ist der Sohn Gottes.

Selig die Augen, die Jesus gesehen „haben",
und die Ohren, die Jesus gehört „haben" –
aber wir?
Wir brauchen auch ein authentisches Gottesbild.
Alle Bemühungen um das Grabtuch von Turin
zeigen den Wunsch,
von Jesus ein „Foto" zu bekommen.

PFINGSTMONTAG

Und doch gibt es wahre Gottesbilder.
Wenn man bedenkt,
daß das eigentliche Bild nicht in den Augen,
sondern im Herzen entsteht,
dann gibt es bis auf den heutigen Tag Menschen,
die ein wahres Gottesbild im Herzen tragen,
dem sie in den bildenden Künsten
und in der Tonkunst Ausdruck verleihen
für die Menschen,
die Gott sehen und hören wollen.

Das „Eigentliche" bei einem Bild
ist nicht die äußere Gestalt,
sondern die innere.
Und diese innere Gestalt des Gottesbildes
wird geprägt vom Glauben
und nicht von der Optik einer Kamera.
Diese innere Gestalt ist es auch,
die prägend in uns und auf uns wirkt,
die uns „bildet".

Das Bild in mir bewirkt,
daß *ich* im Bilde bin
und der Bildwirklichkeit begegne.
Die Faszination der unzähligen Ikonen
und Bilder von Jesus
entspringt dem Glauben und der inneren Anschauung
der Künstler.

PFINGSTMONTAG

Sie machen sich kein Bild von *Gott*,
sondern ein Bild vom Ebenbild Gottes,
in dem Gott sichtbar und hörbar geworden ist.

Nicht jeder darf ein Jesusbild malen –
nur der, der ein „reines Herz" hat;
denn nur er kann Jesus schauen und „abbilden".
Nur ein reines Herz,
das frei ist von Haß, Rache und Vergeltung,
kann in Jesus
die Verkörperung der absoluten Liebe erkennen,
die es abzubilden und aus-zubilden gilt.

Herr,
laß mich dein Bild
immer tiefer im Herzen tragen.
Bilde mich
nach deinem Bild.

DREIFALTIGKEITSSONNTAG (MT 28,16–20)

„Macht alle Menschen zu meinen Jüngern."

Machen lassen

Am Dreifaltigkeitssonntag
feiern wir das Wesen Gottes,
das wir zwar nie begreifen werden,
aber im Laufe eines gläubigen Lebens
immer tiefer erahnen können.
Als Denkanstoß und Anregung zum Meditieren
ist uns das Dreieck gegeben.
Es ist das älteste Symbol für Beziehung;
denn zu jeder Beziehung gehören immer mindestens drei:
Zwei, die sich lieben,
und ein Dritter oder eine dritte Kraft,
die sie verbindet und eint.
Und diese drei sind eins.

Gott-Vater ist der Ursprung,
Gott-Sohn das von ihm seit Ewigkeit gezeugte
Gegenüber.
Gott-Heiliger Geist ist die personifizierte Lebens-
und Liebeskraft,
die vom Vater und vom Sohn ausgeht.

DREIFALTIGKEITSSONNTAG

Mit diesem Denkmodell versucht man,
Gott als die ewige absolute Liebe darzustellen.
(Besonders in der Barockkunst wird das Dreieck
sehr häufig als gestalterisches Mittel verwendet.)

Wenn wir sprechen:
„Im Namen des Vaters und des Sohnes
und des Heiligen Geistes",
begeben wir uns in die Wirklichkeit der ewigen Liebe,
aus der wir immer wieder neu zu leben versuchen.
Wenn wir mit dieser Formel etwas „segnen"
oder „weihen",
wollen wir jemanden oder etwas
zum Zeichen der ewigen Liebe erheben.
Weihwasser und Weihrauch („Wolke"!)
sind oft begleitende Symbole,
die die einende Kraft der Liebe verdeutlichen
und „realisieren".

Wenn Menschen mit dieser Formel getauft werden,
bedeutet das:
Eingetaucht-Werden in die ewige Liebe,
Erfüllt-Werden mit Gott:
neu geboren werden,
neu leben.
(Durch Symbolhandlungen werden immer
geistig-geistliche Wirklichkeiten
zur Aus-wirkung gebracht.

DREIFALTIGKEITSSONNTAG

Die Ein-Wirkung bleibt dabei aber völlig offen.
Darum dürfen Symbolhandlungen nicht mit Magie
verwechselt werden.)

„Mir ist alle Macht gegeben" – sagt Jesus.
„Allmacht" heißt nicht:
„Alles machen können",
sondern: „alles in der Hand haben".
Gott hat die Macht über alle Mächte,
auch über die bösen Mächte.
Gott vernichtet die bösen Mächte nicht,
sondern er macht sie sich dienstbar.
Die Allmacht Gottes, die Jesus hat,
ist die Macht der Liebe,
die Paulus in *Kor 13* überschwänglich beschreibt.
Die Liebe macht alles gut.
Gott macht alles „recht".
(Wir können Gott aber nicht
mit dem Maßstab unserer Vollkommenheit
kontrollieren.)
Wenn Gott, die Liebe, in uns wirkt,
dann machen auch wir alles „recht",
dann machen auch wir unsere „bösen"
(= ungezähmten) Kräfte
der Liebe dienstbar.

Gott hat alles in der Hand, und er hat alle Macht;
aber in der Welt läßt er uns praktisch alles machen.

DREIFALTIGKEITSSONNTAG

Dieser Auftrag, alles zu machen,
hat bei uns sündigen (egoistischen) Menschen
zu Mißverständnissen mit verheerenden Folgen geführt.
Dies beginnt schon mit dem falsch verstandenen
Schöpfungsauftrag:
„Macht euch die Erde untertan!"
Der Mensch versucht immer wieder,
seine egoistischen Bedürfnisse,
seinen Haß, seine Habsucht und Rache
unter die Flagge „Gott will es" zu stellen.
So kommt es zu den unsäglichen Grausamkeiten,
die bis heute noch im Namen Gottes verübt werden.
Auch im kleinen geschieht das:
Menschen üben Gewalt aus mit dem Argument:
„Ich meine es ja nur gut mit dir".

Wir sollen nicht mit unseren Mitteln der Macht,
nicht mit der Macht der Gewalt,
mit Drohung, Angst und Überlistung
„alle Menschen zu Jüngern machen",
sondern durch die Macht der Liebe.
Die Liebe droht, zwingt und überlistet nicht;
sie „begeistert".
Die Macht Gottes soll durch unser „Machen"
zur Auswirkung kommen.

Jesus (Gott) läßt uns in der Welt „alles machen".
Er hat uns jedoch dazu berufen,

DREIFALTIGKEITSSONNTAG

daß wir bei allem, was *wir* machen,
ihn alles machen lassen.
Darum sollten alle irdischen Maßnahmen,
die im institutionellen Bereich notwendig sind,
durchsichtig bleiben auf die Allmacht
der ewigen Liebe hin.
Er ist bei uns bis ans Ende der Tage;
aber wir müssen ihn bei uns lassen.

Herr,
laß mich bei allem, was ich mache,
immer wieder erkennen,
was der Liebe dient.

HOCHFEST DES LEIBES UND BLUTES CHRISTI – FRONLEICHNAM (MK 14,12–16.22–26)

„Das ist mein Leib. … Das ist mein Blut,
das Blut des Bundes.“

Gegenwärtig sein

Im Gegenüber
und als Gegenüber eines anderen
werde ich mir meiner selbst
und meiner Gegenwart bewußt.
Schon das Kind lernt im Be-greifen der Gegen-stände,
sich selbst zu begreifen.
Die intensivste Form des Begreifens
ist das In-den-Mund-Stecken,
das „Kosten“,
das Sich-An-eignen,
das Sich-Ein-verleiben.
Wenn das Kind an der Mutterbrust trinkt,
wenn die Mutter (sich) dem Kind zu trinken gibt,
ist das mehr als nur Nahrungsaufnahme:
Die Mutter gönnt sich dem Kind,
und das Kind gönnt sich der Mutter
als Gegenüber, als Geschenk, als Aufgabe –
in seiner totalen hilflosen Abhängigkeit.

FRONLEICHNAM

Das Geliebte mit sich nähren,
sein Leben teilen und mitteilen –
das ist auch die Symbolik des Kusses.

Gott nährt uns mit seinem eigenen Leben;
das ist das „reale" Symbolgeschehen
in der Feier des Abendmahles
und seiner Gedächtnisfeier in der hl. Eucharistie.
(Der Pelikan,
der seine Jungen mit dem eigenen Fleisch füttert,
ist ein altes Symbol für das Geschehen in der Eucharistie.)

Um zu einer tiefen und spürbaren
Begegnung mit Jesus in der hl. Eucharistie zu gelangen,
ist es sehr hilfreich,
die Urvorgänge von Trinken und Essen
immer wieder zu meditieren.

Wir glauben,
daß Gott der Schöpfer aller Dinge ist,
und daß er alles aus Liebe erschaffen hat.
Somit sind alle Geschöpfe Zeichen seiner Liebe,
und wir können in der Begegnung mit den Geschöpfen
der Liebe des Schöpfers begegnen.

Gott hat aber nicht nur alles erschaffen;
er hält alle Geschöpfe „höchstpersönlich" am Leben,
indem er ihnen Nahrung gibt zur „rechten Zeit".

FRONLEICHNAM

„Du öffnest deine Hand und sättigst alles, was lebt,
nach deinem Gefallen" *(Ps 145,15 und 16)*.

Um Eucharistie zu verstehen,
ist zunächst die „ursakramentale" Erfahrung
von Trinken und Essen notwendig.
Schon das ganz „normale" Trinken und Essen
ist mehr als nur ein biologisches Triebgeschehen.
Im Mahl verkörpert sich in archaischer Weise die Liebe.
Mit jedem Schluck und mit jedem Bissen
könnte ich erfahren,
daß mich jemand am Leben erhält,
daß mich jemand will,
daß es gut ist, daß es mich gibt.
Wenn wir die Haupt-Lebensmittel meditieren:
Brot = tägliche Hauptnahrung,
Wasser = Grundlage allen Lebens,
Wein = Hochzeitstrunk, Trunk der Freude –
so kommen wir zu der „Formel":
In Brot (Wasser) und Wein ist die Liebe Gottes
verkörpert.

Durch die Jesusmeditation
gelangen wir zu einer zweiten „Formel":
In Jesus ist die Liebe Gottes verkörpert.
Beim Abendmahl (und bei jeder Eucharistiefeier)
werden nun durch Jesus beide „Formeln" vereinigt
zu einer neuen „Formel":

FRONLEICHNAM

In Brot und Wein
ist Jesus verkörpert („realisiert").

In den Gestalten von Brot und Wein
ist er uns gegen-wärtig.
Und wir können in seiner „Gegenwart" leben.
Durch die „Einverleibung"
tragen wir seine Gegenwart in uns,
die uns zu „Tempeln Gottes" macht.

Zur mystischen Betrachtung der Sakramente
ist die Unterscheidung von „Leib" und „Körper" wichtig. –

Was wir mit „Verkörperung" bezeichnen,
bezeichnet Jesus mit „Fleisch und Blut".
Die Blutsymbolik wird noch einmal erweitert:
„Vergossenes Blut" ist das Symbol
für hingegebenes Leben.
Es ist ferner die Erinnerung an die Bundestheologie im
Ersten Testament,
die durch den Tod Jesu als „neuer Bund"
einen völlig neuen Sinn bekommt.

Herr,
laß mich durch deine Gegenwart erfahren,
daß ich nie allein bin,
und daß es immer gut ist,
daß es mich gibt.

HOCHFEST DES HEILIGSTEN HERZENS JESU
(JOH 19,31–37)

Einer der Soldaten stieß mit der Lanze in seine Seite,
und sogleich floß Blut und Wasser heraus.

Blut vergießen

Gleichgültig, wie man die Lanzenstich-Szene
historisch und anatomisch bewertet:
Im Johannes-Evangelium geht es
um die tiefe Symbolwirklichkeit des Todes Jesu
und um die Erfüllung der Schrift,
in der der Evangelist in den Bildern
vom Gottesknecht und vom Pascha-Lamm
bereits Hinweise auf den Tod Jesu sieht.
Durch den Lanzenstich
wird der Tod Jesu hervorgehoben
und in die Mitte gerückt.

Der Tod Jesu ist der Erweis und der Beweis
– für den Glaubenden die Bestätigung –,
daß es die Liebe gibt,
die stärker ist als der Haß
und stärker als der Tod.

HEILIGSTES HERZ JESU

Aus diesem Tod strömt Blut und Wasser heraus.
Blut und Wasser sind die Ursymbole
für ewige Liebe und ewiges Leben.
Der Lanzenstich
ist die Eröffnung des Herzens Gottes,
die Offenbarung und Offenlegung seines Wesens.
Man könnte sagen:
Gott wird Mensch,
um Blut für die Menschen vergießen zu können.
Die erlösende Kraft der Selbsthingabe Jesu
wird nur sichtbar auf dem Hintergrund
der Grausamkeiten der Menschen,
denen die Liebe, das Geliebtsein, fehlt
bzw. noch nicht bewußt geworden ist.
Zu allen Zeiten gibt es die schrecklichen Beispiele,
die zeigen, zu welchen Grausamkeiten die Menschen
in ihrem entbrannten, hemmungslosen Haß fähig sein.
Der Haß des Menschen kommt erst zur Ruhe,
wenn er Blut fließen sieht,
wenn das Ziel des Hasses tot ist.
„Sie werden auf den schauen,
den sie durchbohrt haben" *(Sach 12,10)*.
Der Haß enthält in sich den Zwang zur Grausamkeit.

Haß ist immer verbunden
mit unserem angeborenen Rache- und Vergeltungsdenken.
Grausamste Hinrichtungen
verschaffen den Menschen Befriedigung.

HEILIGSTES HERZ JESU

So greift der Haß
oft nach der Maske der Gerechtigkeit.
Auch in unseren engsten Beziehungen
bestrafen wir uns gegenseitig mit „Hinrichtungen".
Die seelischen Hinrichtungen sind zwar unblutig,
aber nicht minder grausam.
Unser Haß-, Rache-, Vergeltungsdenken
ist in uns so eingebrannt,
daß wir es auf die Götter übertragen,
die zur Versöhnung ihres Zornes
Blutopfer, ja Menschenopfer, verlangen.

Haß ist auch verbunden mit Selbsthaß;
wenn ich jemand hasse,
ist immer etwas da in mir und von mir,
das ich nicht annehmen kann,
das ich vernichten will.
Haß und Selbsthaß entstehen im Herzen –
genau dort, wo auch die Liebe sitzt.
Wer den Haß heilen will,
muß etwas tun, das „zu Herzen geht",
und das kann nur etwas sein,
was „von Herzen kommt".

So wird auch unser Bild vom Jesus-Gott
immer wieder verdunkelt,
wenn nicht zerstört,

HEILIGSTES HERZ JESU

von der Vorstellung des zornigen Gottes,
der Sühnopfer verlangt.
Unser Gott aber ist total anders:
Er „kann kein Blut sehen";
er will Barmherzigkeit, nicht Opfer.

Jesus opfert sich nicht einem zornigen Gott;
er opfert sich den hassenden Menschen,
damit sie „ihr Opfer" haben
und „besänftigt" werden.
Jesus opfert sein Blut
zur „Bluttransfusion" in die hassenden Menschenherzen.
Er vergießt sein Blut,
damit die Menschen
– überwältigt durch die Liebe –
ihr Blutvergießen beenden;
damit die Menschen,
bevor sie ihre Opfer hingerichtet haben,
verzeihen, vergeben und verstehen können.

Herr,
dein offenes Herz
ist die Quelle der Barmherzigkeit.
Befreie mich vom Zwang
und vom Bedürfnis,
andere zu quälen.

2. Sonntag im Jahreskreis (Joh 1,35–42)

Sie folgten Jesus und sahen, wo er wohnte,
und blieben jenen Tag bei ihm.

Bei sich selbst zu Hause sein

Wenn wir einen Menschen kennenlernen wollen,
„suchen" wir ihn auf;
wir „be-suchen" ihn in seiner Wohnung,
in seinem An-wesen.

Das Wesen eines Menschen
offenbart sich in seinem Anwesen:
Wie er wohnt,
welche Gewohnheiten er hat,
wie er sich ein-gerichtet hat,
mit welchen Bildern
und Gegen-ständen er lebt.
Umgekehrt ist es ebenso:
Wenn ich jemand liebe,
Interesse an ihm habe,
lade ich ihn zu mir
in meine Wohnung ein,
damit er mich kennenlernen kann.

2. Sonntag im Jahreskreis

Das Glück im Himmel und auf Erden
besteht im Zusammenwohnen,
im Zusammen-Leben.
Es gibt viele Arten von Zusammenleben.
Auch hat jede Nähe
eine andere Dichte.
Doch die gemeinsame Wohnung
muß so beschaffen sein,
daß sie jeder mit seiner Eigenart
als seine eigene empfindet.

Johannes der Täufer zeigt den beiden Jüngern
Jesus als das Lamm Gottes.
Die beiden folgen Jesus.
Sie wollen ihn kennenlernen;
sie wollen wissen, wer er ist.
Darum wollen sie wissen,
wo Jesus wohnt,
wie Jesus wohnt.
Jesus lädt die beiden Jünger
zu sich ein.
Und sie blieben *bei ihm.*
Von seiner Wohnung ist keine Rede.

Wo und wie mag Jesus gewohnt haben,
der später sagt:
„Der Menschensohn hat keinen Ort,
wohin er sein Haupt legen kann" *(Lk 9,58)*?

2. Sonntag im Jahreskreis

Jesus *hat* keine eigene Wohnung,
er *ist* seine Wohnung.
Dort, wo er sich befindet,
ist seine Wohnung,
ist er zu Hause;
er ist ganz bei sich selbst „daheim";
darum ist er überall daheim.
Er selbst,
in dem „die Fülle der Gottheit wohnt" *(Kol 1,19)*,
ist seine eigene Wohnung.

Wer ihn in seiner Wohnung besuchen will,
muß in ihn selbst eintreten
und bei ihm *bleiben*,
indem er mit ihm *geht*
und ihm nachfolgt.
Wer mit ihm geht,
wird bei ihm,
unterwegs mit ihm,
seine eigene Wohnung finden.
Gott wird durch ihn unser „An-wesen".
Und die Anwesenheit Gottes bewirkt,
daß auch wir bei uns selber wohnen,
das heißt eins, identisch sind mit uns selbst,
so daß wir auf der ganzen Welt
wohnen können.

2. Sonntag im Jahreskreis

Wer mit Jesus geht,
darf erleben, daß Jesus auch mit ihm geht.
Gott ist „eingängig" in uns Menschen.
Und indem Gott (in) uns eingeht,
werden wir selbst zur Wohnung Gottes.
Ob die Menschen Gott finden können,
wenn sie uns besuchen?

Symbolisch haben wir unsere Kirchen
als Wohnung Gottes,
damit wir körperlich zu Gott hingehen
und in ihn eintreten können.
Das innere Geschehen,
das damit verbunden ist,
hebt uns jedoch weit über Raum und Zeit hinaus:
Wenn wir in Gott
und Gott in uns
Wohnung gefunden haben,
und wenn wir dadurch
bei uns selbst zu Hause sind.

Herr,
zeige mir deine Wohnung.
Laß mich in dir wohnen,
damit ich immer
bei mir selbst zu Hause bin.

3. Sonntag im Jahreskreis (Mk 1,14–20)

„Kehrt um und glaubt an das Evangelium!"

Selbständig glauben

Der Anfang des Heiles,
der Anfang unserer Heilung und unseres Glücks,
ist hier ganz einfach beschrieben:
Gott geht „als Jesus" auf die Menschen zu und versucht,
sie durch sein Wort und Werk,
durch sein Leben, Leiden und Sterben
von der absoluten Liebe (Gottes) zu überzeugen.

„Die Zeit ist erfüllt" –
die Zeit ist „voll".
Mehr als das, was Jesus zeitigt,
kann es in unserer Zeit nicht mehr geben.
Wir brauchen auf nichts Neues mehr zu warten,
sondern nur darauf,
daß sich das Reich Gottes,
das uns durch Jesus und in Jesus
„nahe" gekommen ist,
vollendet.
Gott zwingt uns nicht;
aber durch Jesus sagt er uns ganz unmißverständlich:

3. Sonntag im Jahreskreis

Wenn sich das Reich Gottes, die Liebe, durchsetzen soll,
müssen wir „umkehren".

In meinen angeborenen
Denk- und Handlungsprinzipien
kann ich Gott nicht sehen und nicht in seinen Bereich,
in seine Nähe kommen.
Ich muß mich von allen anderen Lehren und Lehrern
ab-wenden,
um dem einen Lehrer anzuhangen.

Und schließlich „muß" *ich* an das Evangelium glauben.
Das Evangelium ist eigentlich keine Lehre,
sondern eine Botschaft, die „betroffen" macht;
sie trifft genau den „wunden Punkt"
in unserem Menschsein,
in dem sie unsere Verletzungen heilt.
Die Botschaft von der absoluten Liebe,
die Jesus verkörpert,
liegt genau in der Richtung unserer Sehnsucht
als deren Erfüllung.
Von der Vernunft her
bleibt diese Botschaft zunächst unzugänglich.

Von der Sehnsucht her betrachtet,
vermag nur der Glaube den Zugang zu finden.
Dieser Glaube muß aber bei aller Vermittlung
ein persönlicher und selbständiger Glaube sein.

3. Sonntag im Jahreskreis

Auch wenn ich meinen Glauben übernommen habe,
muß ich selbst dahinterstehen können;
sonst kann der Glaube nie
„meine Stärke" werden,
die mein Leben trägt,
und die mir hilft,
alles zu bestehen.
Die Selbständigkeit im Glauben
ist vor allem deshalb nötig,
weil nur *ich mich* freuen kann.
Ich muß mich schon „selber freuen dürfen";
und ob eine Botschaft „froh" ist und froh macht,
das kann mir niemand,
auch kein Papst, vorschreiben.

In dem Auftrag Jesu:
„Glaubt an das Evangelium"
liegt eine Ermutigung zum selbständigen Glauben:
Trau dich glauben, daß es die absolute Liebe gibt;
trau dich hoffen, daß es die Erfüllung
deiner Sehnsucht gibt;
trau dich lieben, weil du mit ewiger Liebe geliebt bist.
Auch wenn der „Glaube der Kirche"
eine große Glaubensgewißheit bieten kann,
so ersetzt er nicht die tiefste Glaubensgewißheit,
die nur bei mir und in meiner Verantwortung
liegen kann.

3. Sonntag im Jahreskreis

Jemand vom Glauben überzeugen heißt nicht,
ihn zum Glauben zu überreden
und ihn zu gängeln,
sondern ihm Gelegenheit zu bieten,
daß *er* sich von meinem Glauben überzeugen kann.

Jesus beruft Jünger,
damit sie sich von ihm überzeugen
und als Zeugen überzeugend wirken können.

Herr,
mach mich frei und selbständig
in meinem Glauben,
damit ich glaubwürdig
und überzeugend wirke.

4. Sonntag im Jahreskreis (Mk 1,21–28)

Er lehrte sie wie einer, der göttliche Vollmacht hat.

Vollmacht haben

„Machtwort" ist ein Wort, das etwas „macht",
das etwas bewirkt.
Im Wort wird Macht wirksam;
dies gilt im Guten wie im Bösen.
Jeder Machthaber braucht die „Wortmacht",
die Wortmächtigkeit, um sich durchzusetzen.
Jesus, der als das lebendige Wort Gottes bezeichnet wird,
bringt die volle Macht Gottes zur Wirkung.
Jesus ist der Bevollmächtigte Gottes.
Die Macht Gottes ist die Macht der Liebe.
Wenn Menschen, „Machtmenschen",
Machtworte sprechen,
ist es sehr oft die Macht der Gewalt,
die zur Auswirkung gebracht wird,
und die den Menschen Angst und Schrecken einjagt.

Der Mensch,
der von Natur aus auf Gott eingestellt ist,
auch wenn er noch nicht von Gott erfüllt ist,
spürt genau, ob in einem Machtwort

4. Sonntag im Jahreskreis

die Macht der Liebe wirkt
oder die Macht der Gewalt.
Jesus lehrt nicht nur etwas anderes;
er lehrt auch ganz anders als die Schriftgelehrten,
die viel angelerntes Wissen besitzen.
Auch heute spüren die Menschen noch genau
den Unterschied zwischen einer Verkündigung,
die aufbaut,
und einem leeren theologischen Geschwätz,
das durchaus sehr intellektuell sein kann.

Göttliche Vollmacht
ist nicht gleichzusetzen mit kirchlichem Auftrag
und der damit verbundenen kirchlichen Vollmacht.
Die göttliche Vollmacht wird von Gott übertragen;
man kann sie nicht durch ein Theologiestudium
erwerben.
Die göttliche Bevollmächtigung
wird erkennbar an ihren Früchten.
Die Kirche kann die bereits vorhandene
göttliche Berufung und Bevollmächtigung bestätigen
und für die Gemeinde verbindlich erklären.
Es gibt auch göttliche Berufungen
und Bevollmächtigungen außerhalb der Kirche
und außerhalb der kirchlichen Bestätigung.
Das entscheidende Merkmal bleibt immer
die Macht der Liebe,
die im Bevollmächtigten heilend zur Auswirkung kommt.

4. Sonntag im Jahreskreis

Wer mit Gott droht und Angst macht,
anstatt von aller Angst zu befreien,
spricht gewiß nicht mit „göttlicher Vollmacht".

Das heutige Evangelium schildert
die Auswirkung der göttlichen Vollmacht
in der Heilung eines Besessenen.
„Unrein" im Sinn der Bibel ist alles,
was die Gemeinschaft und die Versammlung stört.
Vielleicht könnte man fanatische Querdenker,
die nur stören wollen,
oder streitsüchtige Hysteriker
oder Menschen im Wahn der Zerstörung und
Selbstzerstörung
als „vom unreinen Geist Besessene" verstehen.
„Besessenheit" ist ein anderes Wort für Zwang und Sucht.
Der Besessene ist „fremdgesteuert",
sich selbst entfremdet.
Er ist „ganz auseinander";
er braucht die einende Kraft der Liebe, die ihn heilt,
damit er wieder „gut beisammen" ist.

Der erste Schritt in der heilenden Begegnung mit Jesus
ist die Entlarvung, die Diagnose.
Der Kranke erkennt die fremden, unheimlichen Kräfte,
die ihn „besetzt" und gefangen halten.
Gleichzeitig mit der Erkenntnis der dämonischen Mächte
wird Jesus offenbar als der „Heilige Gottes".

4. Sonntag im Jahreskreis

Das heilende Angenommensein durch die Liebe Gottes
ist so stark,
daß die dämonischen Kräfte
ihr Opfer zurückgeben und freigeben müssen.

Herr,
bewahre mich davor,
daß ich die Vollmacht deiner Liebe
durch egoistische Machtausübung zerstöre.

5. SONNTAG IM JAHRESKREIS (MK 1,29–39)

Er heilte viele, die an allen möglichen Krankheiten litten.

Behandelt werden und behandeln

Das Wort „Hand" ist ein „Urwort" *(Karl Rahner).*
In unzähligen Redewendungen
ist „Hand" das Symbol für den ganzen Menschen,
der sich durch seine Handlungen Ausdruck verleiht
und sich selbst verwirklicht.
„Hand" ist vor allem Symbol für den Menschen,
sofern er aktiv ist,
sofern er etwas „in die Hand nehmen" und „ergreifen" will.
Die guten und die bösen Kräfte des Menschen,
Liebe und Haß,
liegen in seiner Hand.

Ähnlich wie Trinken und Essen
ist auch die Be-rührung
und die Be-handlung eine Weise,
wie die Kraft der Liebe
in uns eingeht
und in uns spürbar wird.
„Die Liebe geht durch den Magen",
und „die Liebe geht unter die Haut".

5. Sonntag im Jahreskreis

Wenn man vom oberflächlichen Gebrauch
dieser Redensarten absieht,
bringen sie tiefe Lebenserfahrungen zum Ausdruck.

Ein guter Händedruck
kann viel bedeuten und viel bewirken:
Ich spüre die Herzlichkeit des anderen,
seine Anteilnahme an meinem Leben;
indem er meine Hand hält,
fühle ich mich gehalten von ihm.
Das Händeschütteln bringt die Lebendigkeit
einer Begegnung zum Ausdruck.

Wenn wir uns beim Friedensgruß die Hände geben,
geben wir die gute Be-handlung Gottes weiter,
die wir Menschen durch Jesus erfahren haben.
Wir kennen die ergreifende Hand,
die uns bewahrt vor dem Sturz,
und die uns aufhilft, wenn wir gefallen sind.
Jesus faßt die fieberkranke Schwiegermutter des Petrus
an der Hand und richtet sie auf;
da weicht das Fieber von ihr.
Die Hand Jesu ergreift den Petrus und rettet ihn,
als er in seinem Kleinglauben unterzugehen droht.

Die Hand auf der Haut, die Handauflegung,
ist der äußere Kontakt
für die innere Berührung und Kraftübertragung.

5. Sonntag im Jahreskreis

Streicheln und Tasten verstärkt die Berührung
und macht die Hände sehend.
Menschen mit allen möglichen Krankheiten
legt Jesus die Hände auf
und überträgt ihnen die Kraft,
die an Leib und Seele heilt.
Durch die Handauflegung
weiß ich mich angenommen, gestärkt und bestätigt.

„Heil" sein ist mehr als „gesund" sein.
Heil und geheilt ist ein Mensch,
wenn er sich und seine Situation so annehmen kann,
wie sie ist,
auch wenn er vom äußeren Leid nicht befreit wird.
Jesus heilt von innen her,
von der Seele her,
die er von Angst befreit
und ins Urvertrauen zurückholt.

Ehe, Firmung, Beichte und Krankensalbung
sind die Sakramente,
bei denen in besonderer Weise und ganz „offiziell"
durch das Symbol der Hand „realisiert" wird,
das heißt sinnenhaft erfahrbar gemacht wird,
wie Gott (durch Jesus) die Menschen behandelt.
Wer sich von Gott behandeln läßt,
wer in den Berührungen, Handreichungen und
Behandlungen

5. Sonntag im Jahreskreis

die liebende, heilende und rettende Kraft Gottes erspürt,
der wird selber fähig,
die Kraft Gottes in seinen Handlungen
und Behandlungen weiterzugeben.
Seine Hände werden zum „Segen",
zum Zeichen für die Hand Gottes.
Die irdischen Hände Jesu sind längst nicht mehr da.
Aber durch die Hände derer,
die an ihn glauben und ihn lieben,
handelt und behandelt er weiter.
„Gott hat keine anderen Hände als die deinen."

Herr,
mach mich ganz, heil und stark.
Rette mich
durch die Ergriffenheit von deiner Liebe.
Laß meine Handlungen
für andere zum Segen werden.

6. Sonntag im Jahreskreis (Mk 1,40–45)

Im gleichen Augenblick verschwand der Aussatz,
und der Mann war rein.

„Rein" werden

Bei den Aussätzigen zur Zeit Jesu
geht es um mehr als nur um eine schwere ansteckende
Krankheit.
Man könnte den Aussatz heute mit Aids vergleichen.
Die große Not des Aussatzes bestand
in der „Unreinheit",
im Ausgeschlossensein von der Kultgemeinde
und damit von der ganzen Gesellschaft.
Wieder dabei sein dürfen, wieder rein sein –
das ist die Sehnsucht der Aussätzigen.
Jesus heilt diese Not,
indem er die Quarantäne durchbricht:
Er streckt seine Hand aus und berührt ihn –
ohne Handschuhe und ohne Berührungsangst.

Jesus heilt unsere „Sünde", unsere „Abgesondertheit",
indem er unsere Isolation durchbricht
und den ersten Schritt auf uns zu macht,
damit wir wieder zu ihm kommen.

6. Sonntag im Jahreskreis

Die „Macht-Worte" und „Macht-Taten" Jesu
„machen" mehr als nur Oberflächenbehandlung.
Jesus bewirkt radikale Heilung:
„Ich will es – werde rein!"
Jesus will uns
durch die Offenbarung der radikalen Liebe Gottes
zurückholen ins Urvertrauen,
das alle Wunden, Verletzungen und „Unreinheiten" heilt.

Wir Menschen leben aber in unserer irdischen Welt,
und da haben wir doch zunächst das Verlangen,
irdisch gesund und leidfrei zu sein.
Die „Gnade", gesund im Wohlstand leben zu dürfen,
ist uns zunächst doch lieber
als die „Gnade", Krankheit, Leid und Tod bestehen
zu können.
So entsteht immer wieder die quälende Frage:
Warum wird der eine geheilt,
der andere nicht?
Warum werde ich nicht geheilt,
wo ich doch auch gebetet habe:
„Herr, wenn du willst,
kannst du mich gesund machen?"
Will mich Gott gar nicht heilen?
Und warum will er gerade mich nicht heilen?
Warum ist der eine behindert,
der andere nicht?

6. Sonntag im Jahreskreis

Diese Fragen sind berechtigt,
auch wenn es keine Antwort gibt.
Dies freilich muß man immer sagen:
Die Kranken und Behinderten
sind eine Herausforderung für die
Solidarität und Mitmenschlichkeit der Gesunden.
Ohne diese Herausforderung
gäbe es wahrscheinlich noch weniger Mitmenschlichkeit.

Vielleicht brauchen wir das Scheitern
in unseren unbeantwortbaren Warum-Fragen,
um tiefer zu blicken,
auch wenn wir eine Schwelle
von Auflehnung, Protest und Trauer,
von Depression und Versteinerung
überwinden müssen.

Irgendwann fällt uns vielleicht auf,
daß Menschen Rettung erfahren,
ohne irdisch geheilt
und vom Leid befreit zu werden.
Solche Phänomene können uns ermutigen
zu einem Schritt von der Oberfläche
hin zur Wurzel und zu unseren Wurzelproblemen.
(Vgl. den alten Begriff der „Wurzelsünden"!)
Auf dem Weg in die Tiefe
verblassen die Oberflächenprobleme;
oder besser:

6. Sonntag im Jahreskreis

Je mehr ich in die Tiefe gelange,
desto mehr erweist sich erst die Oberfläche als Oberfläche;
ich nehme vieles nicht mehr so wichtig,
was ich vorher als absolut und allein wichtig angesehen
habe.

Ich erkenne rückwirkend,
daß ich auch schon oft geheilt worden bin.
Ich habe jedoch meine Heilung
den Ärzten, der Medizin und der Natur
mit ihren „selbstheilenden Kräften" zugeschrieben.
Ich habe den Glauben noch nicht gefunden,
daß *Gott* in jeder Heilung heilend wirkt.

Allein aus diesem Glauben
kann die Hoffnungsgewißheit entspringen,
daß Gott immer heilt und rettet,
auch wenn ich irdisch nicht mehr gesund werde,
und wenn das Leid nicht von mir genommen wird.
Paulus sagt: „Wir sind gerettet durch die Hoffnung"
(Röm 8,24).
Das Glück, das uns Jesus bringt, besteht nicht in der
Erfüllung,
sondern in der Hoffnungsgewißheit auf Erfüllung.

Wenn eine Krankheit in diese Tiefen führt und dort
etwas bewegt,
kann man von der „heilenden Kraft der Krankheit" sprechen.

6. Sonntag im Jahreskreis

Gewiß gab und gibt es – irdisch gesehen –
sensationelle „Spontanheilungen"
und Menschen mit einem besonderen Heilungs-Charisma.

Die Bedeutung der Heilungen Jesu
liegt aber in ihrer Zeichenhaftigkeit
für die radikale Heilung und „Reinigung"
der Menschheit.

Herr,
reinige mein Herz von allem,
was mich trennt von mir selbst,
von den Menschen und Geschöpfen
und von dir.
Nimm mir die Berührungsangst,
die mich hindert,
auf andere zuzugehen
und andere zuzulassen.

7. Sonntag im Jahreskreis (Mk 2,1–12)

„Ihr sollt aber erkennen, daß der Menschensohn
die Vollmacht hat,
hier auf der Erde Sünden zu vergeben."

Ent-schuldigt werden – sich ent-schuldigen

In der Sündenvergebung
erweist sich Jesus als Gott;
er ist die Vergebung in Person.
Im heutigen Evangelium
gibt Jesus deutlich seinen Auftrag
und die Absicht seines Wirkens zu erkennen:
Durch seine Machtworte und Machttaten
will Jesus „machen",
daß wir, überwältigt von der ewigen Barmherzigkeit,
selbst barmherzig werden.
Wer unter Barmherzigkeit Gottes
nur ein Nicht-bestraft-Werden versteht,
oder wer die Verkündigung der Allbarmherzigkeit
als „Aufweichung" und „Verharmlosung"
der christlichen Botschaft versteht,
hat von Gott
und unserer Erlösung von der Schuld
kaum etwas verstanden.

7. Sonntag im Jahreskreis

Gott will uns befreien von Schuld und Sünde –
aber nicht so, wie *wir* das täten.

Schuld ist die „Soll-Spannung"
zwischen dem Sein-Sollenden und Nicht-sein-Sollenden.
(Das Wort „Schuld" kommt von skulan = sollen!)
Diese Schuldspannung ist da,
aber kein Mensch kann sie aushalten.
Wir Menschen haben nun selbst
unsere Methoden entwickelt
zur Überwindung der Schuld:
Wir ignorieren und verdrängen Schuld;
wir schieben unsere Schuld auf andere;
wir strafen und fordern Sühne.
Wir verurteilen und bestrafen aber nicht nur andere,
sondern immer auch uns selbst.
In jeder Bestrafung anderer ist – meist unbewußt –
eine Selbstbestrafung enthalten.
Und andererseits, wenn wir uns selbst bestrafen,
wollen wir immer auch andere treffen.
(Selbstverbrennungen und die heute weit verbreitete
Magersucht sind Beispiele dafür!)

Solange wir noch nicht *durchdrungen* sind
von der Erlösung,
und solange wir die Barmherzigkeit
noch nicht *in uns* haben,
sind die Bestrafungssysteme die einzige Möglichkeit,

7. Sonntag im Jahreskreis

mit dem Schuldproblem so umzugehen,
daß wir uns nicht selber und gegenseitig vernichten.
Wir „müssen" strafen, vergelten, abschrecken, sühnen
und büßen,
solange wir nicht *„von ganzem Herzen"* vergeben können
(vgl. *Mt 18,35*).

Ein möglichst gerechter Strafvollzug
ist das kleinere Übel und der Lückenbüßer
für die Erlösung, die in Jesus zwar gegeben ist,
die sich aber infolge unserer Hartherzigkeit
noch nicht durchsetzen konnte.
Alle Worte und Taten Jesu,
sein Leben und sein Sterben,
wollen uns das göttliche Prinzip der Vergebung
nahebringen
und uns davon überzeugen.
In der Barmherzigkeit erübrigt sich die Strafe,
aber der Verzicht auf Strafe ist noch lange nicht
Barmherzigkeit.

Barmherzig sein heißt:
den anderen (und damit sich selbst) *mit* seiner Schuld
und ihrem ganzen Ausmaß
verstehen, annehmen und lieben.

Vergeben heißt:
dem anderen soviel Liebe schenken,

7. Sonntag im Jahreskreis

daß er in der Kraft des Geliebt-Seins
nicht mehr verurteilen und bestrafen „muß".
In der Vergebung wird die vernichtende Schuldspannung
verwandelt in kreative Kraft,
die sich äußert in „Werken" der Barmherzigkeit.
Der Barmherzige hat keine Angst vor Bestrafung,
und er macht auch keine Angst vor Bestrafung.
„Denn die Furcht rechnet mit Strafe,
und wer sich fürchtet,
dessen Liebe ist nicht vollendet" *(1 Joh 4,18)*.
Allerdings rechnet der pharisäisch Gerechte
auch nicht mit Strafe;
aber nach den Worten Jesu selbst
ist das ein gewaltiger Selbstbetrug.

Gott „ent-schuldigt" uns,
indem er uns bedingungslos liebt.
Indem wir uns die allvergebende Liebe
zu Herzen gehen lassen,
verwandelt sie die „Kraft" unserer Schuld
in die Kraft zur Vergebung,
so daß auch wir einander „von Herzen" vergeben können.

Die im Geliebtsein angenommene Schuld
ist das „Material", aus dem unsere Barmherzigkeit besteht.
Der Ent-schuldigungsprozeß braucht genau diesen
unseren Beitrag:
daß wir uns ent-schuldigen,

7. Sonntag im Jahreskreis

indem *wir* einander vergeben,
so wie Gott uns vergeben hat.
„Liebt einander, wie ich euch geliebt habe" *(Joh 13,34)*.
Vergebung ist immer ein göttliches Geschehen;
„wer kann Sünden vergeben außer Gott allein"?
Nur er kann bewirken,
daß wir vergeben können
und uns wahrhaft „ent-schuldigen".
Gott zeigt sich am deutlichsten
in der echten menschlichen Vergebung.

Herr,
entschuldige mich
und gib mir die Kraft,
die anderen zu entschuldigen.

8. Sonntag im Jahreskreis (Mk 2,18–22)

„Der Bräutigam ist bei ihnen."

Immer wieder Hochzeit feiern

Zu den stärksten biblischen Symbolen,
die das Verhältnis Gottes zu uns Menschen ausdrücken,
gehören Hochzeit und Hochzeitsmahl.
Wir sind Töchter und Söhne, Kinder Gottes;
wir sind Mägde und Knechte, Partner und Freunde
Gottes;
Jesus ist „unser Bruder";
das stärkste Beziehungssymbol ist jedoch
die erotische Beziehung von Mann und Frau
in ihrer hochzeitlichen Phase.
Gott ist der „Bräutigam";
und das Volk Gottes, schließlich die gesamte Menschheit,
ist die „junge Frau", die „Braut" Gottes.
Jesus versteht sich als der Bräutigam
und erweist sich damit als Gott –
als die menschliche Verkörperung des ewigen Bräutigams.
Wenn der Bräutigam da ist,
ist Hochzeit;
und wenn Hochzeit ist,
ist der Bräutigam da.

8. Sonntag im Jahreskreis

Symbole sind mehr als nur Vergleiche.
Symbole sind für den Gläubigen
Orte der Gotteserfahrung –
Weisen, wie sich ewige und geistige Wirklichkeiten
„realisieren".

Wenn gläubige Menschen Hochzeit feiern,
ist Jesus der eigentliche Bräutigam,
dessen Liebe lustvoll erfahrbar wird
in der Gemeinschaft des Mahles
und im körperlichen Einssein.
Von der menschlich-erotischen Liebeserfahrung her
betrachtet,
ist Gott natürlich für Mann und Frau
in gleicher Weise Ursprung der Liebe.
So wie Gott das „ewig Männliche" ist,
ist er auch das „ewig Weibliche"!

Feste verrauschen, Blumen verwelken, Augenblicke
vergehen.
Nach den Augenblicken des Glücks
kommt die lange Weile des Alltags.
Ohne Alltag mit seiner Mühsal und den vielen Verzichten,
die er fordert,
wären die Feste keine Feste mehr.
Wer in Konsumsucht
das Fest zum Alltag machen will,
zerstört beides:

8. Sonntag im Jahreskreis

die Fähigkeit zu feiern
und die Fähigkeit zu fasten.

Jesus, „unser Bräutigam",
ist uns in seiner körperlichen Anwesenheit genommen
worden.
Aber in der Feier der heiligen Symbole von Brot und Wein
ist er immer wieder gegenwärtig,
so daß wir immer wieder Hochzeit und Hochzeitsmahl
feiern können.
Eine enthaltsame Gestaltung der alltäglichen
Lebensführung
bleibt auch hier die Voraussetzung,
daß die Feste Feste bleiben.

Wer Gott, den ewigen Bräutigam, verehrt
und an das ewig Männlich-Weibliche glaubt,
hat auch im irdischen Bereich den Grund
für immer neue Hochzeit.

Mit zwei Bildern setzt Jesus
seine Lehre und die Wirklichkeiten,
die er verkörpert,
klar ab von den herkömmlichen Vorstellungen:
Mit dem „neuen Stoff", den Jesus bringt,
kann man die Löcher im alten Kleid
buchstabenorienter Frömmigkeit
nicht flicken.

8. Sonntag im Jahreskreis

Man kann Jesus in das Althergebrachte nicht einnähen.
Jesus macht deutlich,
daß der „alte Stoff" zur Lumpensammlung gehört.
Ähnlich ist es mit dem Wein.
Wer den neuen Wein will, muß den Mut haben,
die Verpackung, die Institution, zu erneuern.

Weil aber Jesus nie alt wird
und sich sein Wein (die Liebe Gottes) ständig selbst
erneuert,
darum müssen auch die Verpackungen ständig erneuert
und dem jeweiligen Wein angepaßt werden.
Die kirchliche Institution darf sich nicht der Welt
anpassen,
aber sie muß sich der Liebe anpassen,
die in verschiedenen Zeiten Verschiedenes erfordert.
Die letzte Verantwortung für neue Schläuche
liegt beim Gewissen des einzelnen.
Notfalls muß er selber neue Schläuche nähen,
damit der Wein, die Liebe, nicht verlorengeht.

Herr,
du bist uns nah in Bräutigam und Braut.
Laß uns deine Liebe so bewahren,
daß wir immer wieder
Hochzeit feiern können.

9. Sonntag im Jahreskreis (Mk 2,23–3,6)

„Der Sabbat ist für den Menschen da,
nicht der Mensch für den Sabbat."

Hauptsache: mir geht es gut

„Der Menschensohn ist Herr auch über den Sabbat."
Mit diesem Wort beansprucht Jesus
nicht nur göttliche Autorität;
er stellt damit auch das ganze fundamentalistische
Gesellschaftssystem in Frage.
Jesus ist sich klar darüber,
daß er damit – gesellschaftlich gesehen –
sein Todesurteil gesprochen hat.
Faktisch war zur Zeit Jesu das Sabbatgebot
das Gebot aller Gebote.

Jesus vertritt die Herrschaft der vergebenden Liebe.
Wenn die Liebe herrscht,
können die Gebote nicht mehr herrschen,
sondern nur mehr dienen.
Wenn die Liebe herrscht,
bin ich der Liebe verantwortlich
und nicht mehr dem Buchstaben des Gesetzes –
ja noch mehr: Ich bin verantwortlich,

9. Sonntag im Jahreskreis

daß die Gebote der Liebe und dem Leben dienen;
wenn sie das nicht mehr tun,
darf ich sie nicht mehr halten.
Die letzten Entscheidungen darüber muß ich selber
treffen
und in meinem Herzen mit meinem Gewissen
verantworten.
Ich kann die Verantwortung für mein Handeln
nicht mehr auf den Buchstaben des Gesetzes schieben;
es gibt keine Ausrede mehr:
Ob ich ein Gebot halte oder nicht halte –
ich muß es selbst und allein verantworten.
Diese verantwortungsbewußte Freiheit
stellt die Identität
der Legalisten und Fundamentalisten ganz in Frage.
Deshalb müssen sie gegen Jesus
und gegen jeden, der so denkt wie er, vorgehen.

Wenn das „sein darf", was Jesus tut,
(wenn das sein darf, daß ein ungültig Verheirateter
auch zur Kommunion geht)
dann ist das ein Hohn und ein Faustschlag ins Gesicht
für die, die sich bemühen,
alles recht und richtig zu machen.
Der Legalist sieht in der verantwortungsbewußten
Freiheit
nur Beliebigkeit und Verwahrlosung.
Andernfalls müßte er sich selbst in Frage stellen.

9. Sonntag im Jahreskreis

Ein Fundamentalist *kann* nicht tolerant sein;
wenn er tolerant ist, ist er kein Fundamentalist mehr.

Jesus ist gekommen, damit es uns Menschen „gut geht".
Er ist „um unseres Heiles willen" herabgestiegen vom
Himmel.
Er will uns aus der Sklaverei der Triebe und der Gebote
in die Freiheit und in die Geborgenheit
der unverlierbaren grenzenlosen Liebe führen.
Wenn es für Gott das Wichtigste ist,
daß es *mir* gut geht,
dann ist es auch für mich das Wichtigste,
daß es mir gut geht.
Dies darf freilich nicht mißverstanden werden
im Sinn egoistischer Rücksichtslosigkeit.
Das echte Gutgehen ist – mit einem Wort gesagt –
Identität,
daß ich mich selber mag,
daß ich mich freue,
daß ich selber glücklich bin
und nicht andere dafür verantwortlich und haftpflichtig
mache.
„Wer sich selbst nicht mag,
der mag auch keine anderen" *(Anton Kneer)*.
Mein Gutgehen ist das Schönste,
das ich meinen Mitmenschen schenken kann,
weil es ihnen dann mit mir auch gut geht.
Was zum echten menschlichen Gutgehen gehört,

9. Sonntag im Jahreskreis

kann letztlich auch nur ich
in meinem Gewissen entscheiden.

„Es muß feste Bräuche geben."
Wir brauchen feste Regeln, Gebote und Verbote.
Wir brauchen verbindliche heilige Zeiten,
damit Gott in unserem Leben einen festen Platz hat.
Aber all das dient letztlich nicht Gott,
sondern uns, damit es uns gut geht.

Herr,
gib mir die Kraft,
daß ich mich so verhalte und benehme,
daß es mir mit mir und den anderen
und den anderen mit mir gut geht.

10. Sonntag im Jahreskreis (Mk 3,20–35)

„Das Reich des Satans hat keinen Bestand."

Sich ändern müssen

Bevor Menschen sich in Frage stellen lassen
und sich ändern,
versuchen sie sehr oft,
ihre Probleme auf andere zu projizieren,
um sich nicht ändern zu müssen.
So sagen sie: Jesus ist von Sinnen;
er ist von Beelzebul (dem „Oberteufel") besessen,
um sich nicht ändern zu müssen.
Jesus möchte den Leuten klarmachen,
daß er nicht mit der Macht des Teufels
Teufel austreibt,
sondern mit der Macht Gottes,
die letztlich alles Böse besiegt.

Es müßte doch einleuchten:
Wenn der Satan den Satan austreibt,
müßte sich der Satan gegen sich selbst erheben.
Der Satan hätte dann keine Identität;
er wäre in sich selbst gespalten;
es könnte nie ein „Reich des Satans" geben.

10. Sonntag im Jahreskreis

Nun gibt es aber das Reich des Satans.
Wenn dieses Reich durch das Auftreten Jesu zerfällt,
dann sind dafür nicht die „inneren Konflikte in der
Führungsspitze" der Grund,
sondern die Tatsache,
daß ein Stärkerer gekommen ist.
Gott fesselt den starken Satan,
um seinen „Hausrat zu plündern".
Der „Hausrat" Satans
sind die von ihm besessenen Menschen.
Gott „plündert" den Satan aus
und führt die von ihm gefangenen Menschen als
„Beute" heim
in die Freiheit der Kinder Gottes.

Das Hauptproblem beim Wirken Jesu ist:
Die Menschen wollen Gott nicht akzeptieren;
sie fühlen sich bei Baal, bei Beelzebul, wohler,
obwohl es ihren Untergang bedeutet.
Das Reich Baals, des Satans, ist die Herrschaft
von Egoismus, Materialismus und Rationalismus.
Hier stößt der Erlösungswille Gottes
auf den freien Willen des Menschen.

Erst wenn der Wille des Menschen
konform geht mit dem Willen Gottes,
mit dem Heiligen Geist,
ist Erlösung, Befreiung und Heilung möglich.

10. Sonntag im Jahreskreis

Alle Sünden und Vergehen sind vergebbar
und werden von Gott vergeben,
aber nicht die Einstellung gegen den Geist Gottes.
Gott würde sich selber spalten;
das ist aber in sich nicht möglich;
denn sonst wäre es „um Gott" geschehen.
Solange einer den Geist Gottes
ablehnt, kritisiert und „lästert",
weil er die allvergebende Liebe ist,
kann er sich niemals bei diesem Gott
„im Himmel fühlen".

Für den Unbarmherzigen ist Gott selbst die Hölle,
und das wird in Ewigkeit so bleiben.
Das Barmherzig-Werden „kann" Gott
dem Menschen nicht abnehmen;
wenn Gott am Ende die Unbarmherzigkeit zuließe,
würde er sich selbst aufheben.

Das Barmherzig-Werden ist der Beitrag zur Erlösung,
den jeder Mensch selber zu leisten hat,
spätestens im Jüngsten Gericht,
das heißt in der Todesbegegnung mit dem
allbarmherzigen Gott.
Unsere Sehnsucht nach Liebe
und die Erfahrung der Allbarmherzigkeit Gottes
sind wohl das stärkste Motiv,
daß auch wir barmherzig werden

10. Sonntag im Jahreskreis

und unsere „Verstocktheit" in der Unbarmherzigkeit,
gleichzeitig mit unserer Kritik am Geiste Gottes,
überwinden.

Die unabdingbare Notwendigkeit,
daß wir uns in unserer Einstellung selber ändern müssen,
unterstreicht Jesus noch einmal mit dem Hinweis
auf die einzig wahre Verwandtschaft mit ihm,
bei der die Blutsverwandtschaft überhaupt keine Rolle
mehr spielt.
Jeder, der den Willen Gottes erfüllt,
gehört zu den nächsten Verwandten Jesu.
Den Willen Gottes erfüllen heißt:
den eigenen Willen gleichförmig machen
mit dem Willen Gottes.
Das Gleichförmig-Werden mit dem Willen Gottes
bringt mich notwendig in den Gegensatz
zum Reich Satans.

Wer versucht, im Geiste Jesu zu leben,
muß immer mit Konflikten und Verurteilungen
rechnen –
oft gerade dort,
wo man es am wenigsten erwartet.
In der Kraft Gottes wird es möglich,
daß ich selbst hinter mir stehen kann
und immer weniger die Bestätigung von Menschen
brauche.

10. Sonntag im Jahreskreis

Die Beziehung zu Gott,
die in der Freiheit und Verantwortung des Gewissens
gelebt wird,
ist letztlich wichtiger als alle menschlichen Beziehungen.
Die menschlichen Beziehungen
erhalten ihre Tragfähigkeit auch erst
durch die Beziehung zu Gott.

Herr,
gib mir den Mut und die Kraft,
mich immer wieder zu ändern
und anders zu sein,
wenn es die Liebe erfordert.

11. Sonntag im Jahreskreis (Mk 4,26–34)

„Das kleinste von allen Samenkörnern geht auf
und wird größer als alle anderen Gewächse."

Wachsen lassen

„Reich Gottes" und „Himmelreich"
sind die biblischen Begriffe für „Glück".
Der Mensch ist glücklich, wenn er „im Himmel" ist;
und er ist im Himmel,
wenn der Himmel in ihm ist.
„Reich Gottes" bedeutet zweierlei:
Zunächst den objektiven Be-reich Gottes,
und das ist alles, was es gibt:
die Schöpfung, der Kosmos, Zeit und Ewigkeit,
das Alles und das Nichts.
Weiterhin meint Reich Gottes
die „Königsherrschaft Gottes":
Wenn die Herrlichkeit Gottes, die Liebe, herrscht
und alle der Liebe dienen,
ist das Reich Gottes vollendet.
Das Reich Gottes, das Glück des Menschen,
wird noch behindert durch die „Sünde",
das heißt, die Menschen sind noch viel zu große Egoisten
und dienen noch viel zu wenig der Liebe.

11. Sonntag im Jahreskreis

Die Menschen versuchten und
versuchen immer wieder vergeblich,
mit der Macht der Gewalt das Glück zu erzwingen
und den Himmel auf Erden zu machen.
Die Versuche, mit Ideologien ein sozialistisches Paradies
oder einen Gottesstaat zu bauen,
sind bei allen Fortschritten am Ende doch gescheitert.
Die Frage steht immer im Raum:
Sind bei allem Wohlstand und sozialem Ausgleich
die Menschen glücklicher geworden?
Das Glück, die Gottesherrschaft (Herrschaft der Liebe),
kommt nicht von außen, sondern von innen,
wenn auch viele Anstöße von außen kommen.
Das Glück muß in den Menschen aufgehen und wachsen;
dann kann es „größer werden als alle anderen Gewächse"
und alle menschlich erdachten Glücksideologien und
Glückstechniken in den Schatten stellen.

Die wichtigste Bedingung für das Reich Gottes
und für das Glück des Menschen
ist die Einsicht, daß der Mensch zu seinem Glück
selbst beitragen kann und muß,
daß er aber allein das Glück nicht machen kann.
Gott kann sein Reich und seine Herrschaft
nur selbst aufbauen,
auch wenn er dazu die Menschen braucht,
die ihm freiwillig dienen
und seine Liebe in sich wachsen lassen.

11. Sonntag im Jahreskreis

Zunächst muß ich zulassen,
daß in mir der Same des Glücks gelegt wird,
den ich bei aller Gentechnik und Lustchemie
nicht allein produzieren kann.

Jesus ist der Sämann des wahren Glücks.
Er bringt den Keim der absoluten Liebe
auf den offenen Ackerboden meiner Existenz,
die sich nach dieser Liebe sehnt.
Es ist die Tragik unserer Sünde,
daß wir uns, die wir von Gott her
und auf ihn hin geschaffen sind,
aus Angst und Mißtrauen
immer wieder verschließen.
Der Frost unseres Mißtrauens
verhärtet uns immer wieder,
obwohl wir in unserer Sehnsucht
offen sind für Gott und seine Saat der Liebe.

Der Same der Liebe
hat die Kraft zu wachsen in sich selbst.
Und wäre die Liebe so klein wie ein Senfkorn –
sie wird wachsen und am Ende alles überragen.

Das Glück unseres jetzigen Lebens besteht darin,
daß wir dabei sein dürfen,
wenn die Liebe Gottes
in uns und durch uns wirkt.

11. Sonntag im Jahreskreis

Der Glaube, daß Gott die Liebe in uns ist,
hilft uns,
daß wir uns nicht gegenseitig haftpflichtig machen
und machen lassen für das Glück.
Wenn wir uns gemeinsam um die Saat Gottes
bemühen,
wird sein Reich, unser Glück,
in uns und durch uns auch um uns
wachsen und reifen.
Der Glaube, daß das Reich Gottes
die Kraft zu wachsen und zu reifen
in sich selbst trägt,
gibt uns die feste Hoffnung,
daß sich die Gottesherrschaft als die Herrschaft
der Liebe am Ende durchsetzen wird.
„Man kann nicht sagen:
Seht, hier ist das Reich Gottes",
oder: „Dort ist es";
denn: „Das Reich Gottes ist in euch" *(Lk 17, 21)*.
(Es gibt auch eine andere Leseart: „Das Reich Gottes
ist schon mitten unter euch!")

Herr,
zu uns komme dein Reich.
Be-reichere mich
durch deine Liebe
und laß mich andere bereichern.

12. Sonntag im Jahreskreis (Mk 4,35–41)

„Was ist das für ein Mensch,
daß ihm sogar der Wind und der See gehorchen?"

Gott erwecken

Gleichgültig, ob man die Seesturmerzählung
als Realgeschichte oder als Idealgeschichte
oder als eine Mischung von beiden,
das heißt als ein im Glauben
gedeutetes Erlebnis versteht, –
sie wird erst in der Tiefe des Symbolgeschehens
zur zeitlosen Quelle des Trostes und des Vertrauens
sowohl für den einzelnen
als auch für die Kirche und die Gesamtheit
der Christen.
(Hilfreich ist auch der Vergleich mit der
Seesturmgeschichte *Mt 14,22–33*
vom 19. Sonntag im Jahreskreis, Lesejahr A, in der
Jesus und Petrus auf dem Wasser wandeln.)

„Schiff" ist seit eh und je Symbol für die Institution
Kirche.
Es ist aber auch Symbol für die Einrichtungen unseres
Lebens,

12. Sonntag im Jahreskreis

die wir uns geschaffen haben,
um unser Leben möglichst gut zu bewältigen.
Die mit Intelligenz begabten Lebewesen
können Einrichtungen, Instrumente und Maschinen
erfinden,
mit denen man mehr erreichen und verwirklichen kann,
als es bloß mit den Händen
und bloß zu Fuß möglich wäre.
Ohne Schwimminstrument müßte ich im Wasser
untergehen,
wenn die eigene Schwimmkraft nicht mehr ausreicht.
Das Schiff bringt die Tragekraft des Wassers
zum Tragen.
Die Tragekräfte des Lebens und des Glaubens
müssen vom Menschen in allen Lebensbereichen
„instrumentalisiert" und „real-isiert" werden,
damit sie zur Auswirkung kommen.

Bei der gewaltigen Faszination der Instrumente
und ihrer Technik –
was man alles machen kann –,
läuft der Mensch Gefahr,
daß er die Instrumente und Institutionen mehr liebt
als die Kräfte, die in ihnen zur Realisierung kommen.
Die Faszination des Machbaren kann so stark werden,
daß der Blick für den Sinn des Lebens verlorengeht
und die Verantwortung den Urkräften des Lebens
gegenüber einschläft.

12. Sonntag im Jahreskreis

Wir haben die Einrichtungen unseres Lebens
so stark perfektioniert,
daß wir bewußt und unbewußt immer mehr glauben,
daß wir alles selber machen können.
Unsere Medien sind erfüllt von der Reklame
für Techniken,
die Gesundheit, Glück und Liebe garantieren.
So haben wir Gott, Jesus und die tragenden Kräfte
 des Glaubens
in unserem Leben eingeschläfert
und auf ein „Kissen hinten im Boot" verlagert.
Aber der eingeschläferte Gott schläft nicht!
Er will sich nur in keiner Weise aufdrängen;
so nimmt er den Platz, den wir ihm geben,
hinten im Schiff.
Er schläft sogar;
genauer: er stellt sich schlafend,
um uns nicht zu stören.
Er wartet nur, bis wir ihn wieder wecken wollen.
Dann ist er bereit,
sofort sich zu erheben und in Erscheinung zu treten.
Wenn Gott in unserem Leben in Erscheinung tritt,
ist alles erreicht, wonach wir uns sehnen,
was wir aber mit all unseren Instrumenten nicht
machen können.

Eigentlich schläft Gott nie;
auch haben wir nicht ihn,

12. Sonntag im Jahreskreis

sondern uns eingeschläfert,
indem wir in unserem Unglauben
und in unserer Verlustangst alles selber in die Hand
genommen
und Gott überflüssig gemacht haben.
Aber Gott geht nicht „über Bord" in unserem Leben.
Er bleibt – wenn auch im hintersten Winkel.
Es braucht oft gewaltige „Stürme des Lebens",
Situationen, wo nichts mehr hält,
wo alle Instrumente versagen,
damit wir aufwachen und ihn wecken.
Jesus wecken heißt:
das Vertrauen auf Gott wecken,
das letztlich immer und eher Rettung bringt
als das Vertrauen auf uns und unsere Instrumente.
Wenn er sich erhebt und die bösen Mächte bannt,
dann hat auch unser Schiff mit allen Instrumenten
seinen guten Sinn.

So wie in unserem eigenen Leben,
so laufen wir auch im „Schifflein Petri", in der Kirche,
immer wieder Gefahr,
Jesus, den Herrn des Schiffes, einzuschläfern
und ihn durch Menschen und menschliche Institutionen
zu ersetzen.
In der heutigen Kirche fehlt es gewiß nicht an
Wirbelstürmen,
und es geht auch überall „naß herein".

211

12. Sonntag im Jahreskreis

Wollen wir nun Jesus wecken,
oder wollen wir uns begnügen mit Löcher-Stopfen?
Wenn sich Jesus, die ewige Liebe Gottes,
in der Kirche erhebt,
kommen nicht nur die Wirbelstürme zur Ruhe;
es werden auch alle Instrumente hinfällig,
mit denen man Jesus nicht dienen,
sondern ihn ersetzen wollte.

Herr,
wecke mich auf
und erwecke in mir das Vertrauen,
bevor die Stürme des Lebens
das Schiff meines Lebens überfluten.

13. Sonntag im Jahreskreis (Mk 5,21–43)

„Mädchen, ich sage dir, steh auf!"

Jesus unterwegs begegnen

Es muß uns immer bewußt bleiben,
daß das ganze Evangelium
„im Licht der Osterkerze" geschrieben wurde,
und daß wohl erst in der Bewegung
des Pfingstereignisses
den Jüngern ganz klar wurde – sozusagen
im „nachhinein" –
wer und was Jesus wirklich war,
und welchen Auftrag sie von ihm erhalten haben.
Im Rückblick auf die Erlebnisse mit Jesus
erkennen sie ihn als den „Sohn Gottes";
und besonders das Markus-Evangelium
will diese Erkenntnis den Menschen *erlebnismäßig*
vermitteln.
Die „übernatürliche" Wirklichkeit,
die mit Jesus in unserer natürlichen Welt
in Erscheinung tritt,
muß mit natürlichen Mitteln dargestellt werden;
aber sie kann mit natürlichen Mitteln nicht bewiesen
werden.

13. Sonntag im Jahreskreis

Nur Rationales kann rational,
nur Physikalisches kann physikalisch bewiesen werden.

Darum liegt auch die eigentliche Wahrheit
der Jesuserzählungen
nicht auf der Ebene, in der sie erzählen,
sondern „dahinter", oder besser „darüber".
Man darf nicht etwas primär beweisen wollen,
was primär nur mit dem Blick des „sehenden Herzens"
erschaut werden kann.
Die oft sehr sensationell klingenden Wundererzählungen
muß man *anschauen* – immer wieder und immer länger,
bis uns ihre innere zeitlose Wahrheit aufgeht,
und bis wir selbst
dem heilenden und vom Tod erweckenden Jesus begegnen.

In den Jesuserzählungen ist die zeitlose Jesuswirklichkeit
aufbewahrt und lebendig erhalten,
so daß sie jederzeit gegenwärtig werden kann.
Wenn zum historisch-kritischen Denken,
das gewiß unverzichtbar ist,
nicht das mystisch-symbolische Denken hinzukommt,
bleibt der ganze Jesusglaube äußerst fragwürdig.
Das historisch-kritische Denken kann unsere
Glaubensfragen
letztlich nur mit einem „möglicherweise"
oder mit einem mehr oder weniger „wahrscheinlich"
beantworten.

13. Sonntag im Jahreskreis

Die „Länge und Breite, Höhe und Tiefe" der göttlichen
Wahrheit muß „erschaut" werden.
(Man kann sie nicht beweisen,
so wie man den Wohlgeschmack einer Speise
auch nicht durch chemische Formeln beweisen kann.)
Der im Glauben sehend Gewordene
bekommt eine total andere Sicht der Dinge
als der nur rational-kritisch Denkende,
und er gewinnt ein völlig neues Verhältnis
zu allen irdischen Wirklichkeiten.

Bei den Jesuserzählungen fällt uns auf,
daß er immer „unterwegs" geschildert wird.
Unterwegs – im Kommen und Gehen –
werden die vielen heilenden Begegnungen möglich.
Weil Jesus immer unterwegs ist,
kann auch ich hoffen,
daß er einmal mir begegnet und nicht entgeht.
Aber auch ich kann mich aufmachen
und die Wege gehen (wie Zachäus),
auf denen er „vorbeikommen muß".

Die letzte Hoffnung der unheilbar kranken Frau
ist die heilende Nähe Jesu.
Und sie erzwingt die Berührung mit ihm,
Jesus, der durch Berührung heilt, *wird* berührt!
Und auch diese Berührung Jesu,
die vom Kranken ausgeht, wirkt heilend.

13. Sonntag im Jahreskreis

Aber Jesus pocht unbedingt auf eine Klarstellung:
Nicht die Berührung als solche hat geheilt,
sondern der Glaube an Jesus,
der in der Berührung zum Ausdruck kam.
Auch wir müssen uns immer wieder davor hüten
– in unserer Neigung zu Magie und Aberglauben –,
daß wir die Zeichen verwechseln
mit den Wirklichkeiten, die sie zeigen.
Bei der Begegnung mit der toten Jairus-Tochter
macht uns Jesus zunächst klar,
daß unser Totsein für ihn kein Totsein ist;
das Kind „schläft nur".

Dann wendet er sich ihr zu und „erweckt" sie,
indem er sie bei der Hand nimmt und anspricht.
Jesus nimmt die Tote in die Hand.
Die Hand ist ein „An-Teil" der Toten.
Jesus nimmt Anteil an der Toten,
Anteil am Tod überhaupt.
Alle Toten stehen in seiner Hand.
Er spricht alle Toten an,
weil sie für ihn nicht tot sind.
Und weil sie für ihn nicht tot sind,
sind sie auch für uns nicht tot.
Er gibt uns unsere geliebten Toten zurück;
unser Glaube an ihn bewirkt,
daß unsere Toten in neuer Weise
in uns und für uns lebendig werden.

13. Sonntag im Jahreskreis

Die Frage, ob es sich bei der Jairus-Tochter
um eine physische Wiederbelebung handelt, ist offen –
und letztlich nicht entscheidend.
Uns soll durch Jesus deutlich werden,
daß der Tod letztlich keine Macht hat.
Jesus erweckt die Toten zum ewigen Leben;
er holt sie nicht zurück ins Alte,
damit sie noch einmal sterben müssen.
Die stark realistischen Momente in unserer Geschichte
(„man solle dem Mädchen etwas zu essen geben")
wollen auf alle Fälle die Wahrheit und Wirklichkeit
des physikalisch-natürlich nicht mehr Erfaßbaren
durch ihre Symbolkraft unterstreichen.

Wenn wir am Grab eines geliebten Kindes stehen,
ist es Jesus selbst,
der in dieser Geschichte unterwegs ist zu uns,
um uns zu begegnen und in unverlierbarer Weise
wiederzugeben,
was wir durch den Tod verloren haben.

Herr,
gib mir wache Sinne
und ein offenes Herz,
damit du mir nicht entgehst,
wenn du mir begegnest.

14. Sonntag im Jahreskreis (Mk 6,1b–6)

*„Nirgends hat ein Prophet so wenig Ansehen
wie in seiner Heimat."*

Voreingenommen sein –
vorbehaltlos werden

Unsere Vor-eingenommenheiten,
unsere Vor-behalte und Vor-Urteile
sind oft der Grund,
daß Gott nicht ankommt bei uns,
und daß wir nicht zum Glauben kommen.
Wir sind so überzeugt von der absoluten Richtigkeit
unseres Denkens und unserer Vorstellungen,
daß es uns vielleicht gar nicht möglich ist,
„von vorn-herein" an Gott und an Jesus zu glauben.
Manchmal braucht es erschütternde Erlebnisse,
daß wir unsere Vorbehalte aufgeben
und „im nach-hinein" zum Glauben kommen.

Wir sind häufig so eingenommen
von unserer Vernunft und von uns selber,
daß wir meinen,
unsere Meinung ist die einzig wahre und richtige
und muß deshalb auch für alle anderen gelten.

14. Sonntag im Jahreskreis

Es fällt uns schwer einzusehen,
daß wir an unsere Vernunft auch „nur glauben",
wenn wir auch noch so sehr auf sie pochen.
Schließlich kann ich auch nur sagen:
Ich glaube,
daß meine Meinung die „objektiv" wahre und richtige ist.

Wenn ich mir bewußt wäre,
daß alle meine Urteile nur Vor-Urteile,
meine Meinungen Vor-eingenommenheiten
und die Gewißheiten, an denen ich festhalte,
nur Vor-behalte sind,
dann wäre ich immer bereit für neue Einsichten
und für den Fortschritt in meiner Wahrheitsfindung.
Die Vernunfterkenntnis wird gelenkt vom Glauben,
der die Vernunft entweder erleuchtet
oder verdunkelt.
Der Glaube an die absolute Liebe
erleuchtet die Vernunft.
Aber diese Aussage ist auch eine Glaubensaussage,
die aus meiner Glaubensüberzeugung kommt,
für die ich nur werben kann.

Jesus geht vorbehaltlos und bedingungslos auf die
Menschen zu.
Aber die Begegnung kommt oft nicht zustande
wegen unserer Vorbehalte und „Vor-Wände".
So verlangen wir von einem „Wunder",

14. Sonntag im Jahreskreis

daß es sensationell und für den Verstand unerklärlich
sein muß.
Sensation und Unerklärlichkeit als Glaubenshilfe!?
Vielleicht braucht der Glaube sensationelle Anstöße.
Aber tragfähig wird der Glaube erst,
wenn ich das Wirken Gottes im Alltag entdeckt habe,
und wenn ich keine Sensationen mehr brauche.

Wir machen es Gott schwer, bei uns anzukommen,
weil wir ihm vorschreiben wollen,
was er tun müßte, und wie er sein müßte,
damit wir an ihn glauben.
Der schwierigste Vorbehalt liegt wohl im Leidproblem:
Indem wir von Gott verlangen,
daß er unser Leid wegnehmen muß,
wenn er die Liebe ist,
nehmen wir uns die Möglichkeit,
daß uns Gott *im* Leid begegnet.

Durch die Vorbehalte und Vorurteile,
mit denen wir unsere menschlichen Beziehungen
belasten,
versperren wir Gott den Weg,
auf dem er uns glücklich machen kann.

In Nazaret sind die Menschen
zunächst begeistert von Jesus.
Dann fragen sie: Woher hat er das alles?

14. Sonntag im Jahreskreis

Wir kennen ihn;
wir kennen seine Verwandten.
Er ist auch nur ein Mensch wie wir alle.
Was will der uns schon sagen?
Der soll sich nicht so wichtig machen!
Und sie lehnen ihn ab.

Auf die anfängliche Begeisterung
folgt die stärkere Voreingenommenheit:
Ist auch nur ein Mensch wie wir.
Durch diese Voreingenommenheit
machen sie „dicht" vor Gott.
Sie verhindern,
daß Gott durch Jesus bei ihnen ankommt und wirkt.
Wir denken auch an die Vorbehalte des Natanael:
Als ihm Philippus von Jesus erzählt,
sagt er: „Kann aus Nazaret etwas Gutes kommen?"
(Joh 1,46).
Die Antwort des Philippus gilt auch uns
mit unseren Voreingenommenheiten
und Vorbehalten gegen Gott:
„Komm und sieh!"

Herr,
mach meine Liebe so stark,
daß sie alle Vorbehalte überwindet.

15. Sonntag im Jahreskreis (Mk 6,7–13)

Er begann, die Zwölf auszusenden.

Den Glauben verbreiten

Die Erzählungen von der Aussendung der Jünger
machen deutlich,
daß Jesus sein Kirche gegründet hat,
indem er sie nicht „gegründet" hat,
wie wir uns das immer vorstellen wollen als Menschen,
die doch sehr stark von Institutionen geprägt sind
und deshalb die institutionellen Fragen und Probleme
in den Vordergrund rücken.

Jesus „beginnt" sein Werk
mit der Aussendung derer,
denen er sich mitgeteilt hat,
mit denen er sein Leben und seine Liebe geteilt hat.
Was Jesus damals begonnen hat,
lebt fort bis zum heutigen Tag.
Mission ist „Vermehrung".
Jesus will sich vermehren durch die Menschen,
die ihn angenommen haben,
und die sein Lebensprinzip
zu ihrem eigenen gemacht haben.

15. Sonntag im Jahreskreis

Der ganze Missionsauftrag ist in dem einen Wort
enthalten:
„Geht!"

Alles Institutionelle, das notwendig sein wird,
wird sich „von selbst" entwickeln,
das heißt aus dem Geist Christi,
der ganz praktisch lebendig ist,
wenn Jesus durch seine Jünger
bei den Menschen ankommt.

Die Geschichte der kirchlichen Institutionen zeigt jedoch,
daß durch menschliche Interessen, Ängste und
Unfähigkeiten
der Zusammenhang mit dem geistig-geistlichen
Ursprung der Kirche
oft bis zur Unkenntlichkeit verblaßt ist
oder sogar ganz verloren ging.

Darum verlangt der Glaube an die Liebe Christi
die Bereitschaft zur ständigen Korrektur
in den äußeren Bereichen der Institution,
damit er den jeweiligen Erfordernissen
der Zeit und der örtlichen Gegebenheiten
gerecht werden kann.
Bei allem Ringen
um eine glaubensgerechte Institution
bleibt aber der einzelne darauf angewiesen,

15. Sonntag im Jahreskreis

sich letztlich persönlich und eigenverantwortlich
an Jesus selbst zu orientieren
und sich von ihm senden zu lassen.
Nur so hat die offizielle Sendung, die „missio",
im Bereich der kirchlichen Institution
einen Sinn.
Die Verantwortung für die Kirche
kann der einzelne nicht an die Institution abtreten,
im Gegenteil: Er trägt die Verantwortung für die Kirche
als Verantwortung für die Institution mit.

Die Ausbreitung des Glaubens
beruht aber immer auf der Anwesenheit des Glaubenden,
durch den Christus wirkt,
nicht auf institutionellen Maßnahmen.
Durch die Liebe Jesu zu seinen Jüngern
und durch die Liebe der Jünger zu ihrem Meister
erhalten die Jünger Anteil an der heilenden Kraft Jesu,
die Jesus durch sie weitergibt an die Menschen,
die schon dafür offen sind.

So ist und bleibt Jesus der Ursprung der Kirche.
Er hat bewirkt,
daß es eine Kirche gibt;
und er bewirkt,
daß es noch heute eine Kirche gibt.
Er wird bewirken,
daß es auch in Zukunft die Kirche gibt –

15. Sonntag im Jahreskreis

vielleicht in einer Gestalt,
die wir uns heute noch nicht vorstellen können.
Bei *Mt 10,5–16,* ist die Aussendung der Jünger
noch ausführlicher beschrieben:
Die Jünger sollen die Menschen mit Gott froh machen,
sie gesund machen,
sie von den dämonischen Mächten der Angst befreien
und ihnen helfen, den Tod zu überwinden.

Es gibt gewiß besondere Charismen der Heilung
und der Befreiung;
doch im Prinzip vermag allein schon die Kraft
des Glaubens,
dies alles zu bewirken.
Die Jünger sollen keinerlei Vorkehrungen und
Absicherungen
für ihr missionarisches Wirken treffen.
Dadurch bezeugen sie auch äußerlich
die Radikalität des Vertrauens auf Jesus,
der in ihnen lebt,
und der ihre Sicherheit ist.
Angstlos und arglos wie „Lämmer"
sollen sie sich „mitten unter die Wölfe" wagen *(Mt 10,16).*

An welchen Ort sie auch kommen,
sie sollen gar nichts „machen",
sondern nur „da sein",
bis sie wieder gehen.

15. Sonntag im Jahreskreis

So wie Gott durch sein bloßes Dasein alles bewirkt,
so bewirkt er alles durch das bloße Dasein seiner Zeugen.
„Bloßes Dasein" besagt aber nicht Trägheit und
Inaktivität.
Das Dasein wirkt durch die ihm eigene Ausstrahlung,
die in den Handlungen zum Vorschein kommt,
und nicht durch gewaltgesteuerte Machenschaften.

So wie Jesus –
so sollen sich auch seine Jünger nicht aufdrängen.
Wenn man sie nicht aufnimmt,
sollen sie einfach weitergehen,
ohne sich viel zu ärgern und zu schimpfen.

Herr,
gib mir den Mut und das Vertrauen,
angstlos und absichtslos deinem Ruf zu folgen.
Laß mich erkennen,
daß ich dorthin, wo ich bin,
gesandt bin,
den Glauben zu verbreiten.

16. Sonntag im Jahreskreis (Mk 6,30–34)

Sie waren wie Schafe, die keinen Hirten haben.

Geführt werden – führend werden

Menschen sind wie Schafe;
sie brauchen jemand, dem sie nachlaufen können.
Die vielen Starkults zeigen dies deutlich.
Manche Menschen laufen sich selber nach,
indem sie sich vergötzen;
sie suchen sich selbst in der Hoffnung,
selbständig zu werden.
Tatsächlich werden sie aber nur selbstsüchtig.
Es gibt jedoch auch Vorbilder und Leitbilder,
die die Menschen ins Glück
und in die wahre Freiheit führen,
wenn sie ihnen nachfolgen.

Jeder Mensch lernt durch Imitation und Identifikation,
also durch Nachahmung und Vereinigung mit dem
Leitbild.
Das Leitbild in mir prägt mich
und „bildet mich aus".
Das Problem ist also nicht, *daß* ich jemand nachlaufe,
sondern *wem* ich nachlaufe:

16. Sonntag im Jahreskreis

einem Führer oder Verführer,
einem „guten Hirten" oder einem schlechten Hirten.
„Wehe den Hirten, die nur sich selbst weiden!"
(Ez 34,1–10)
Den guten Hirten erkenne ich daran,
daß er sein Leben für mich hingibt.
Trotzdem bleibt ein Risiko bei der Hirtenwahl.
Es ist die Tragik menschlicher Schuld und Schwäche,
daß sich Menschen oft lieber verführen als führen lassen.

„Schaf" ist – wie jedes Symbol – zweideutig.
Beim „Lamm Gottes" bedeutet es
Geduld, Unschuld und Opferbereitschaft.
Beim Menschen bedeutet es
Dummheit, Einfalt und Hilflosigkeit.
Diese Gegensätze schließen sich
aber gegenseitig nicht aus.
Für uns dumme und hilflose Schafe
gibt es den „normalen" Lebensbereich,
in dem das Leben geregelt ist
durch Normen, Gesetze und Gebote.
Die Normen garantieren das Leben
in diesem „normalen" Bereich.

Man könnte die Normen, Gesetze und Gebote
mit einem Zaun vergleichen,
mit einem Schafspferch,
in dem Friede herrscht,

16. Sonntag im Jahreskreis

solange niemand ausbricht oder einbricht,
das heißt, solange der Pferch beachtet wird.

Bei den Tieren ist das Normalverhalten
festgelegt durch Trieb und Triebhemmung.
Das Tier kann aus seinem festgelegten Verhalten
nicht ausbrechen – der Mensch aber schon!
In gewisser Weise muß der Mensch sogar
die Hürden des Normalen überwinden,
um zu seinem eigentlichen Leben in der Liebe
zu gelangen,
das nur im verantwortlichen Gebrauch der Freiheit
gelingen kann.
Wenn nur der Buchstabe des Gesetzes
das Leben beherrscht,
wird der Pferch zum Gefängnis.
Normen, Gesetze und Gebote verhindern das Leben,
dem sie dienen sollten,
wenn sie für den Menschen
das einzige Lebensprinzip bleiben.
„Der Buchstabe tötet, der Geist aber macht lebendig"
(2 Kor 6).

Nun meinen viele, sie würden frei,
wenn sie kaltblütig den Zaun übersteigen
oder durch eine Hintertür die Legalität verlassen.
Die so verstandene „Freiheit"
ist in Wirklichkeit Verwahrlosung.

16. Sonntag im Jahreskreis

Die Sklaverei des Buchstabens wird vertauscht
mit der Sklaverei der Triebe.

Der Zaun der Normen und Gebote
darf mir nicht zum Gefängnis werden;
er soll mir aber als Hilfe zum normalen Leben
erhalten bleiben:
Wie kann ich das Gesetz auf legale Weise
in Verantwortung überwinden,
um zu meinem Leben
in Freiheit und Liebe zu gelangen?
Aus mir selbst kann ich das nicht;
dazu bin ich viel zu sehr „Schaf".
Dazu brauche ich Führung – jemand, der mich
herausführt.

Ich brauche gute Leitbilder und Vorbilder.
„Laßt euch vom Geist leiten" (*Gal 5,16*).
Ich brauche die Führung durch den Geist.
Dies ist der Geist Jesu Christi,
der Jesus ein für allemal zum guten Hirten macht.
Die Führung durch die Liebe befreit mich
von der tödlichen Herrschaft des Buchstabens.
Wer durch das Gesetz (allein) gerecht werden will,
hat mit Christus nichts mehr zu tun (*vgl. Gal 5,4*).
Im Psalm 23 ist beschrieben,
wohin und wozu mich die Führung
durch den guten Hirten bringt.

16. Sonntag im Jahreskreis

„Lauter Güte und Huld werden mir folgen
ein Leben lang!"

Die Führung durch den guten Hirten
führt mich zur Harmonie in allen meinen Beziehungen:
Sie führt mich zur Einheit mit mir selbst,
zur Einheit in der Herde,
zur Einheit mit dem Hirten, der die Herde führt.
Je mehr ich mich von Christus führen
und von der Liebe leiten lasse,
desto mehr werde ich „führend";
ich werde fähig und berufen,
andere herauszuführen aus der Enge des Legalismus
in die Weite von Freiheit, Liebe und Verantwortung.

Herr,
führe mich zur Selbständigkeit
in meiner Verantwortung
und gib mir Kraft zur Führung derer,
die mir besonders anvertraut sind.

17. Sonntag im Jahreskreis (Joh 6,1–15)

Jesus teilte an die Leute aus, soviel sie wollten.

Gespeist werden

Wie bei allen Wundererzählungen,
so muß auch bei den Brotvermehrungsgeschichten
die Frage offen gehalten werden,
ob es sich um Realerzählungen
oder um Idealerzählungen
oder um beides handelt.
Es kann auch sein,
daß frühere Ereignisse und Erlebnisse
in ihrer tiefen Bedeutung
und in ihrer eigentlichen inneren Wirklichkeit
erst viel später erkannt
und dementsprechend gestaltet wurden.
Die äußere Sensationalität solcher Geschichten
soll nicht unser Sensationsbedürfnis befriedigen;
sie will vielmehr Aufhorchen wecken,
damit wir in der Erfassung der Symbolhaftigkeit
der Geschichten tiefer blicken
und das Geheimnis der Liebe Gottes erahnen,
die sich schon im alltäglichen Geschehen
und in unseren normalen Lebensvorgängen realisiert.

17. Sonntag im Jahreskreis

Würde man die eigentliche Aussage
der Brotvermehrungserzählungen
nur auf der Oberfläche der sinnenhaften Darstellung
suchen,
entstünde sofort die Frage:
Warum müssen Millionen verhungern,
wenn der „allmächtige" Gott beliebig Brot machen
kann?!
Wenn derartige Fragen entstehen,
ist der Sinn einer Wundergeschichte noch nicht erfaßt.

Bei der Meditation der Brotvermehrungserzählungen
und bei dem phantasiehaften Nacherleben
der dargestellten Szenen
soll uns bewußt werden,
daß sich Jesus damals wie heute um die Menschen
kümmert,
daß er es ist, der uns das tägliche Brot gibt,
und daß uns die Liebe Gottes
in der Befriedigung unserer Triebbedürfnisse
glücklich machen will.
Alle Brotvermehrungserzählungen
könnten mit dem Satz schließen:
„Alle aßen und wurden satt" *(Mk 6,42)*.

Wenn es auch nur ein winziges Bröselchen wäre,
könnte darin die ganze Liebe Gottes enthalten sein,
die unseren Hunger nach Liebe stillt.

17. Sonntag im Jahreskreis

Wenn die Liebe das Herz des Brotes ist,
dann ist jedes vorhandene Brot
ein „Brot für alle".
Das Brot-Teilen gehört wie das Brot-Essen
zum Brotgeschehen.
Brot-Teilen eint:
Das eine Brot, das sich die vielen einverleiben,
macht die vielen zu einem Leib.
Paulus weist in der heutigen Lesung darauf hin:
„Ein Leib", „ein Herr", „ein Glaube", „eine Taufe"
(*Eph 4,1–6*).

Wenn es nur um das materielle Sattwerden geht,
steht die Frage nach der Brotmenge im Vordergrund:
„Wo sollen wir Brot kaufen,
damit diese Leute zu essen haben?"
In unserer heutigen Welt-Hunger-Situation
ist Brot-Teilen und Brot-Kaufen kein Gegensatz.
Aber beim Familienmahl (Paschamahl, Abendmahl,
Eucharistie)
spielt das Essen von derselben Speise
als Symbol eine entscheidende Rolle.

In unserer Erzählung heißt es weiter:
Alle bekamen, „soviel sie wollten".
Hierbei kommen das Haben-Dürfen
und die grenzenlose Gunst – das Gönnen –
des Brotgebers zum Ausdruck.

17. Sonntag im Jahreskreis

Wenn ich dem anderen das Essen nicht vorgebe,
sondern ihn selbst nehmen lasse, soviel er will,
und wenn der andere sagt: „Ich bin so frei"
und sich das nimmt, was er braucht,
dann spiegelt sich in dieser „Frei-Gebigkeit"
und „Frei-Nehmigkeit" eine tiefe Liebesbeziehung
wider.

Es gibt heute viele Menschen,
die wegen ihrer seelischen Krankheit und Not
nichts mehr essen können,
oder die sich überessen.
Wenn einer „nichts mehr zu sich nehmen" kann,
ist das manchmal ein Zeichen,
daß ihn niemand mehr „zu sich nimmt",
daß er zuwenig Liebe erfährt.
Das Zuviel-Essen kann ein Zeichen
krankhafter Selbstzuwendung sein,
weil die Zuwendung eines anderen fehlt.

Jesus teilt die Liebe Gottes aus.
Jeder kann haben, soviel er braucht,
und dann bleiben noch Vorräte übrig.
Sein Brot könnte alle heilen,
die an Liebesentzug und an Liebesmangel leiden.

Die Brotvermehrungserzählungen
zeigen uns den „Mehrwert" des Brotes.

17. Sonntag im Jahreskreis

Paulus ermahnt uns,
bei unseren irdischen Lebensvollzügen
auf diesen Mehrwert zu achten:
„Ob ihr eßt oder trinkt oder etwas anderes tut:
tut alles zur Verherrlichung Gottes!" *(1 Kor 10,31)*

Herr,
laß mich Essen und Trinken
als dein Geschenk erleben
und gib mir die Freude
am Teilen.

18. Sonntag im Jahreskreis (Joh 6,24–35)

„Ich bin das Brot des Lebens."

Brot geben – Brot sein

Die Brotvermehrungsgeschichte vom letzten Sonntag
war die Einleitung zur großen Eucharistiekatechese des
Johannes-Evangeliums,
die wir jetzt an vier Sonntagen betrachten werden.
Bei der Brotvermehrung wird Jesus dargestellt als der,
der auf wunderbare Weise Brot *gibt*.
Jesus *gibt* das Leben.
Jesus verdichtet die Symbolik bis zur Identifikation:
Ich *bin* das Brot des Lebens;
Jesus *ist* das Leben.

Jesus wehrt zunächst alle Mißverständnisse
einer materiellen Brotvermehrung ab.
Jesus wirkt keine Wirtschaftswunder!
Brot essen, das man nicht verdient hat, –
das ist seit eh und je ein faszinierender Gedanke.
Jesus hat der Versuchung, aus Steinen Brot zu machen,
widerstanden.
Jesus will die Menschen nicht dadurch gewinnen und
erlösen,

18. Sonntag im Jahreskreis

daß er ihnen ein Konsumparadies auf Erden schafft.
Er will den Menschen die Speise geben,
„die für das ewige Leben bleibt" –
eine Speise, die eine Kraft gibt,
mit der man den Tod überwinden kann.

Die Leute fragen Jesus, was sie tun müssen,
um „die Werke Gottes" zu vollbringen.
Die Antwort ist ganz einfach:
an Jesus glauben.
Dieser Glaube ist sowohl Tat Gottes,
der den Glauben bewirkt,
als auch Tat des Menschen,
der sich durch die Übernahme des Glaubensrisikos
den Glauben ermöglicht.
Nun verlangen die Leute aber doch ein Zeichen,
damit sie glauben können.
Dabei weisen sie auf das Manna hin,
auf das „Brot vom Himmel",
das die Väter gegessen haben
und am Leben geblieben sind.

Das „Brot vom Himmel" waren wahrscheinlich
natürliche Substanzen,
die die Menschen in ihrem Hunger gegessen haben,
und rückblickend erkannten sie darin die Tat Gottes,
die sie am Leben erhalten hat (ähnlich wie bei den
Wachteln und beim Wasser aus dem Felsen).

18. Sonntag im Jahreskreis

Das Manna in der Wüste, das Mose erwirkt hat,
geht als Zeichen Gottes in die Geschichte ein,
damit die Menschen an Gott glauben,
der sie errettet hat.

Die Väter sind gestorben,
und das „Brot vom Himmel" war nur für das irdische
Leben.
Ganz anders ist „das wahre Brot vom Himmel",
das Gott direkt durch Jesus und in Jesus gibt.
Dieses Brot verdirbt nicht;
es ist das Brot für das ewige Leben.
Jesus selbst ist dieses Zeichen.
Jesus selbst ist dieses Brot.
Das Manna ist ein Zeichen,
damit die Menschen glauben;
das wahre Brot vom Himmel kann erst erkannt werden,
wenn die Menschen glauben.
Wer diesen Glauben hat,
wird nie mehr hungern und dürsten.
Dieses Brot gelangt genau an die Stelle,
wo mein unstillbarer Hunger
und mein unstillbarer Durst
nach Liebe und Gerechtigkeit sitzt:
Jesus selbst ist die Erfüllung meiner Sehnsucht.
„Meine Seele dürstet nach Gott,
nach dem lebendigen Gott" *(Ps 42,3)*.

18. Sonntag im Jahreskreis

Eine Hilfe, die zum Glauben an Jesus,
als dem wahren Brot vom Himmel, führt,
ist die Brotmeditation:

1. Was ist Brot?
Die Frucht der Erde, der Sonne
und der menschlichen Arbeit.
Vom Weizenkorn, das gesät und fruchtbar wird –
bis hin zum fertigen Brot:
eine Kette von Verwandlungen.

2. Jesus ist für uns da wie Brot:
Er ist unsere Kraft und Stärke;
er stillt unseren Hunger (und unseren Durst);
ohne ihn können wir nicht leben;
er eint uns und macht aus uns eine Mahlgemeinschaft;
wir können eins werden mit ihm durch „Einverleibung".

3. Jesus ist für uns da im Brot oder „als" Brot.
Das eigentliche Wesen dieses Brotes, seine „Substanz",
ist nicht mehr sein materieller Nährwert,
sondern die Liebe Gottes,
die in Jesus verkörpert ist.
Diese Liebe „realisiert" sich im Brot,
so daß wir sie uns einverleiben können.
Wer von diesem Brot lebt, wird selbst zum Brot,
zur Lebensmöglichkeit für die Geschöpfe,
die ihm anvertraut sind.

18. Sonntag im Jahreskreis

Wem aufgegangen ist,
daß ganz allgemein schon jedes Stückchen Brot
eine Gabe Gottes und eine Realisierung seiner Liebe ist,
der wird mit dem Glauben an Jesus,
dem „wahren Brot vom Himmel",
dem „Brot des Lebens",
wohl keine besonderen Schwierigkeiten haben.

Herr,
„gib uns immer dieses Brot",
damit wir das Leben haben
und alle Lebensangst und Todesangst überwinden
und selbst zum Brot werden
für das Leben der Welt.

19. Sonntag im Jahreskreis (Joh 6,41–51)

„Wer von diesem Brot ißt, wird in Ewigkeit leben."

Das ewige Leben in sich haben

Jedes Stückchen Brot,
mit dem wir unser irdisches Leben erhalten,
ist „Brot vom Himmel", ein Zeichen der Liebe Gottes,
die uns das irdisch-sinnliche Lebensglück gönnt.
In unserem Umgang mit den irdischen Lebensmitteln
wird sichtbar,
ob wir sie als „Gabe Gottes" erachten,
der uns durch seine Liebe glücklich machen will,
oder nur als ein Produkt zur Befriedigung der Triebe.
Das Brot, als materielles Lebensmittel verstanden,
ist „totes" Brot;
es erhält das Leben unseres Körpers,
bis der Tod es beendet.

Das „lebendige" Brot enthält Leben,
das nie stirbt,
und es ist zugleich „Nahrung" für dieses Leben.
Dieses „wahre", „ewige", „unvergängliche" Leben
sollte unser „eigentliches" Leben sein
in unserem vergänglichen, körperlichen Dasein.

19. Sonntag im Jahreskreis

Wer schon vor seinem Tod „ewig" lebt,
wird in Ewigkeit nicht sterben.
Er wird den verweslichen Körper
hinter sich lassen,
so wie ein Schmetterling
die leere Hülle der Puppe hinter sich läßt.

Jesus versteht sich als das „lebendige Brot,
das vom Himmel herabgekommen ist".
Jesus ist die Verkörperung der ewigen Liebe
und des ewigen Lebens.
Durch Essen und Trinken will er sich uns „einverleiben",
damit wir aus ihm leben
und nicht mehr aus unseren materiellen Lebensprinzipien,
die über die Schwelle des Körpertodes
nicht hinausreichen.

Ein nur materialistisch-rationalistisch denkender Mensch
wird mit dem „Brot vom Himmel"
und mit der Identifikation Jesu mit diesem Brot
(*„Ich bin das Brot, das vom Himmel herabgekommen ist"*)
nichts anfangen können.
Vielleicht könnte man das „Brot vom Himmel"
im sozialistischen Sinn verstehen,
daß alle Menschen ein gleiches Anrecht
auf die Güter dieser Welt besitzen.
Aber eine Rede wie „Ich bin Brot"
muß Anstoß, Ekel und Unverständnis hervorrufen.

19. Sonntag im Jahreskreis

Menschenfleisch essen – widerlich!
Obwohl sich Menschen, die verliebt sind,
„zum Fressen" gern haben,
was sie durch das Küssen realisieren.

Das Murren der Leute gegen Jesus
ist damals wie heute sehr verständlich.
Denn mit materialistisch-rationalistischem Denken
ist Jesus wirklich nicht mehr zu verstehen.
Nur wer „mystisch" denken kann,
das heißt, wer Bilder, Zeichen und Symbole versteht,
wird die Tiefe der Jesuswirklichkeit erahnen,
durch die Gott unsere tiefe Sehnsucht
nach ewiger Liebe und ewigem Leben erfüllt
in der sinnenhaften Weise des Symbolgeschehens.

In unserer Sehnsucht
können wir Momente entdecken,
die uns die Rede Jesu „Ich bin Brot"
zugänglicher machen.
Schon das Kind steckt alles in den Mund,
um „auszuprobieren", ob es „gut" ist.
Für das Kind, das „gestillt" wird,
ist die Körpernahrung gleichzeitig Seelennahrung:
Das Kind erlebt, daß es gewollt ist,
wenn es nicht nur „abgefüttert" wird.
Mutter und Kind gönnen sich gegenseitig.

19. Sonntag im Jahreskreis

Liebe wird erfahrbar,
indem man ißt und trinkt,
und indem man zu essen und zu trinken gibt.
Wenn ich jemand liebend zu essen und zu trinken gebe,
gebe *ich* mich zu essen und zu trinken.
So entsteht das Liebesmahl,
das Körper, Seele und Geist belebt.

Wenn Menschen sich „zum Fressen" gern haben,
erleben sie den Hunger
nach ewigem Einssein in der Liebe
und nach ewiger Geborgenheit.
Lust verlangt immer nach mehr.
„Lust will tiefe, tiefe Ewigkeit" (Friedrich Nietzsche).

Wenn sich Jesus als das Brot des Lebens bekennt,
versteht er sich als die wahre Erfüllung der ewigen
Sehnsucht und der Sehnsucht nach Ewigkeit,
die im Triebverlangen des Menschen enthalten ist.
Die Transzendenz im Triebverlangen des Menschen
macht deutlich,
was Jesus für den Menschen bedeutet.
Umgekehrt macht Jesus als das „Brot vom Himmel"
die Transzendenz des menschlichen Triebverlangens
deutlich.
Hunger und Speise deuten sich gegenseitig.

19. Sonntag im Jahreskreis

Jesus bezeichnet noch genauer die „Substanz" des Brotes,
das er geben wird:
Die Substanz, das Wesen und das Wesentliche dieses
Brotes,
ist sein „Fleisch" (und „Blut"),
das heißt sein irdisches Menschsein,
das er hingibt,
um die ewige Liebe zu offenbaren
für das Leben der Welt.

Das ewige Leben gewinnen wir
schon jetzt als unser Leben
zunächst durch den Glauben an Jesus,
der die ewige Liebe und das ewige Leben verkörpert –
ferner dadurch,
daß wir das Brot essen,
das uns Jesus gibt,
in dem er sich selbst verkörpert.

Herr,
gib mir durch den Glauben an das ewige Leben
und durch das Brot des Lebens
die Kraft und die Freude,
das irdische Leben sinnvoll zu leben.

20. Sonntag im Jahreskreis (Joh 6,51–58)

„Mein Fleisch ist wirklich eine Speise,
und mein Blut ist wirklich ein Trank."

Jesus „ein-speisen"

Jesus treibt die Symbolhaftigkeit und damit die
Mißverständlichkeit
seiner Rede noch auf die Spitze.
Damit verärgert er seine Zuhörer noch mehr.
Jetzt muß man entweder „abschalten"
oder noch intensiver und meditativer nachdenken.

Mit „Fleisch und Blut" ist immer lebendige
Körperlichkeit gemeint.
Wir sagen oft: „ein wirklicher Mensch aus Fleisch
und Blut".
„Körper" ist immer auch „Verkörperung".
Der Körper verkörpert die Seele des Menschen,
sein Inneres, sein Eigentliches (= seine Substanz,
das, was unter der Oberfläche steht),
sein unsterbliches Wesen.
Das, was sich verkörpert hat, bleibt,
auch wenn der Körper zerfällt.

20. Sonntag im Jahreskreis

„Blut" gehört zunächst in den Zusammenhang
von „Fleisch und Blut".
„Vergossenes Blut" bedeutet darüber hinaus
„hingegebenes Leben".

Bei allem Meditieren
stößt uns immer wieder neu
die alte Frage auf:
„Wie kann er uns sein Fleisch zu essen geben?"
Ein Vergleich:
Wenn ich einen Menschen liebe,
wenn ich ihn zum Essen einlade,
wenn ich seine Lieblingsspeise zubereite,
von der ich weiß: da freut er sich bestimmt,
dann wird ein „hochzeitliches Liebesmahl" möglich.
Mein geliebter Mensch
ißt mit seiner „Leib-Speise",
die ich mit Liebe zubereitet habe,
meine Liebe und damit mich selber
in sich hinein.
So wird mein Menschsein,
so wie ich bin – mit Fleisch und Blut,
für ihn zur „Speise",
und auf diesem Wege der „Verspeisung"
werde auch ich in ihm „anwesend".

Wenn nun jemand fragt:
„Beiße ich auf Jesus, wenn ich auf die Hostie beiße?",

20. Sonntag im Jahreskreis

muß ich sagen: natürlich nicht.
Du beißt immer auf Brot.
In diesem Brot ist die Liebe Jesu
und damit Jesus selbst verkörpert.
Auf Jesus und seine Liebe kannst du nicht beißen,
nur auf seine Verkörperung im Brot.

Wenn ich dir aus Liebe,
weil ich dir eine Freude machen will,
ein Stück Schokolade schenke,
dann bin ich mit meiner Liebe zu dir
in der Schokolade anwesend („verkörpert"),
aber nur äußerlich kannst du die Schokolade essen,
in der ich geistig und wirklich drin bin.
Wenn du auch nur äußerlich
die Schokolade essen und verdauen kannst,
so ißt du mit der Schokolade dennoch
auch meine Liebe und mich selbst in dich hinein.
So wird verständlich, was Jesus sagt:
„Jeder, der mich ißt, wird durch mich leben".

Jesus steigert seine aufreizende Rede bis zur Drohung
und gibt ihr dadurch eine gewisse Unausweichlichkeit:
„Wenn ihr das Fleisch des Menschensohnes nicht eßt
und sein Blut nicht trinkt,
habt ihr das Leben nicht in euch".
Bevor wir dieses Wort in den Zusammenhang
des offiziellen Zeichens der Eucharistie

20. Sonntag im Jahreskreis

(des Abendmahles) stellen,
müssen wir seine ganz allgemeine Bedeutung erkennen:
Wenn ihr beim Essen und Trinken
und bei allen sinnlichen Freuden
nur den Konsum im Auge habt,
„habt ihr das Leben nicht in euch".
Der nackte Konsum macht satt,
aber nicht glücklich.

Erst wenn in unsere sinnlichen Lebensvollzüge
Gott „eingespeist" wird,
vermitteln sie das wahre Glück und das wahre Leben,
die „todsicher" unzerstörbar und ewig sind.
Der Glaube an die absolute Liebe Gottes
und an die Verkörperung der Liebe in Jesus Christus
gibt mir die Möglichkeit,
Jesus in meine natürlichen Lebensvorgänge einzuspeisen.
Darüber hinaus kann ich durch das Setzen
der offiziellen Zeichen,
das heißt durch die Feier der Sakramente,
dazu beitragen,
daß mich Jesus immer mehr erfüllt,
und daß er die Kraft meines Lebens wird.

Jesus ist das Brot des Lebens,
durch ihn kann jedes Brot Brot des Lebens werden.
Wenn Jesus in mir ist, dann weiß ich auch,
daß ich in ihm bin;

20. Sonntag im Jahreskreis

denn ich erlebe ihn als größer und stärker,
als ich mich selbst erlebe.
Wenn er in mir ist,
finde ich durch ihn die Kraft zur vergebenden Liebe,
auf die letztlich alles ankommt.

Herr,
du bist die wahre Seelenspeise,
die mir jetzt schon
ewiges Leben gibt.
Gib mir den Mut und die Kraft,
dich einzuspeisen
in die irdischen Belange meines Lebens.

21. Sonntag im Jahreskreis (Joh 6,60–69)

„Der Geist ist es, der lebendig macht;
das Fleisch nützt nichts.“

Jesus „ein-vernehmen“

Viele der Jünger Jesu,
die anfänglich noch begeistert waren,
sind jetzt überfordert;
sie finden die Worte Jesu unerträglich
und unannehmbar;
sie stehen mit Jesus nicht mehr
im guten „Ein-vernehmen“,
und sie ziehen sich zurück
und gehen nicht mehr mit ihm.

Jesu Botschaft ist zunächst immer eine Zu-mutung,
weil sie das angeborene und gewohnte Denken
und die daraus gebildeten Vorstellungen durchbricht.
Wer das nicht aushält, der „muß“ gehen.
Einen Menschen,
der sein Glück noch als materielles Glück sucht,
kann die „Frohe Botschaft“ Jesu noch nicht erreichen.
Wenn ich aber trotzdem mit Jesus weitergehe,
obwohl ich noch nicht alles verstehe –

21. Sonntag im Jahreskreis

wenn ich „einvernehmlich" bleibe mit ihm,
dann kann mir seine Botschaft
immer mehr als „frohe" Botschaft aufgehen,
und die anfängliche Zumutung
wird zur befreienden Offenbarung.

Jesus geht zumindest an die Grenze des Zumutbaren;
er fordert mich immer wieder „heraus".
Erst in dieser Herausforderung
– wenn ich nicht abschalte –
kann mich sein Geist
„in die volle Wahrheit einführen".
Auch beim Abschied Jesu
hätte Jesus noch vieles zu sagen,
was die Jünger noch nicht ertragen können,
und was der Geist nach Jesus
erst noch erschließen muß *(vgl. Joh 16,12–13).*

Es genügt also nicht,
wenn man sich bei Glaubensaussagen
nur auf Jesus berufen will.
Der Geist Jesu,
der die Aufgabe Jesu nach seinem Abschied übernimmt,
bewirkt, daß die volle Wahrheit aufgeht –
immer wieder neu,
entsprechend der jeweiligen irdischen Lebenssituation.

21. Sonntag im Jahreskreis

Das Bekenntnis der Getreuen hören wir von Petrus:
„Herr, zu wem sollen wir gehen?
Du hast Worte des ewigen Lebens.
Wir sind zum Glauben gekommen:
Du bist der Heilige Gottes."

Dieses Bekenntnis besagt nicht,
daß die Jünger schon alles verstanden hätten.
Es besagt, daß sie in gutem Einvernehmen
bei ihm bleiben wollen,
– aus einem gläubigen Gespür heraus –
auch wenn sie noch nicht alles begreifen können.
Der Glaube an Jesus ist Gnade, Geschenk,
„vom Vater gegeben".
Dies ist eine gewisse Entlastung für die,
die (noch) nicht glauben.
Aber Gott zwingt den Menschen nicht zu glauben;
darum liegt es immer auch am Menschen,
daß er das Geschenk des Glaubens annimmt.
Es kann oft lange dauern,
bis ein Mensch dahin kommt.

Jesus versucht,
in seiner Eucharistierede den Jüngern
die Einheit von Brot, Wort und Geist zu vermitteln.
Er wollte sich einspeisen in unser materielles Leben.
Das Lebensprinzip ist der Geist;
er macht das Brot und das Wort lebendig.

21. Sonntag im Jahreskreis

Das „Fleisch", das Brot, das Materielle überhaupt
nützen – an und für sich betrachtet – „nichts".
Erst als Symbol,
in der Vereinigung mit Geist,
wird alles Materielle lebendig
im Sinn des ewigen Lebens.
Ewiges Leben und ewige Liebe
können wir durch die „vergängliche Gestalt dieser Welt"
in unserer eigenen vergänglichen Gestalt
unseres Körpers mit seinen Sinnen und Funktionen
gewinnen *(vgl. 1 Kor 7,31)*.

Auch das Wort bleibt tot und unnütz,
wenn es nicht der Geist lebendig macht.
Wenn ich selbst geistlos bin,
bleibt für mich auch das Wort der Bibel
toter und tötender Buchstabe.

Der zündende Funke
liegt im Glauben an die absolute Liebe
als die Erfüllung meiner Sehnsucht.
Dieser Glaube findet im Evangelium
seine volle Bestätigung.
Dieser Glaube („Urglaube") ist die Voraussetzung,
daß ich im Evangelium „Geist und Leben",
das „Wort Gottes", erkennen kann.

21. Sonntag im Jahreskreis

Die praktischen Ziele der Eucharistierede Jesu
sind die Überwindung unserer subjektiven Gottlosigkeit
und die Überwindung des physischen Todes.
Wenn Jesus in uns ist,
bekommt alles Materielle und Vergängliche
einen ewigen Sinn.
Erst wenn Jesus *in uns* ist,
können wir erkennen,
daß wir immer *in Jesus* sind –
und somit geborgen in der ewigen Liebe Gottes.
Wenn Jesus in uns ist,
hört der Tod auf zu töten.
Der Tod tötet nur das Vergängliche,
und so wird er zum Lebenszeichen
für das ewige unzerstörbare Leben,
das durch Jesus in uns ist,
und das stärker ist als der Tod.
„Wer von diesem Brot ißt,
wird in Ewigkeit leben" *(Joh 6,51).*

Herr,
gib uns immer dieses Brot,
damit wir im Einvernehmen mit dir bleiben
und deine Wahrheit
als die Wahrheit unseres Lebens erkennen.

22. Sonntag im Jahreskreis
(Mk 7,1–8.14–15.21–23)

„Ihr gebt Gottes Gebot preis
und haltet euch an die Überlieferung der Menschen."

Was (nicht) von Herzen kommt

Äußerlichkeiten sind sinnlos,
wenn sie nicht innere Wirklichkeiten
zum Ausdruck bringen.
Es gibt „leere Worte", den „leeren Blick",
den „leeren Händedruck", viele nichtssagende Gesten
und Gebärden;
es gibt die nur äußerliche, buchstabengerechte
Erfüllung von Geboten und Vorschriften,
die innerlich leer und damit sinnlos ist.
Paulus spielt darauf an, wenn er sagt:
„Alles, was nicht aus Überzeugung geschieht,
ist Sünde" *(Röm 14,23)*.
Die Innerlichkeit,
die diesen leeren Äußerlichkeiten entspricht,
ist die innere Leere, das Nichts.

Es gibt leere Äußerlichkeiten,
die außer Leere nichts bewirken.

22. Sonntag im Jahreskreis

Aber es gibt keine Innerlichkeiten,
die sich nicht irgendwann und irgendwie auswirken,
das heißt nach außen wirken.
So kann es auch keinen „inneren Glauben" geben,
der so „tief drinnen" ist,
daß er sich gar nicht mehr nach außen auswirkt.
Entweder wird er verleugnet,
oder er ist selbst eine Lüge.
Ebenso wäre auch eine Liebe, die sich nicht auswirkt,
ein innerer Widerspruch.
Jesus kritisiert, daß in den leeren Äußerlichkeiten
der innere Sinn der Gebote preisgegeben ist.

In unserer Geschichte
geht es um die wahre Reinheit bzw. Unreinheit.
Der biblische Begriff der Reinheit
versteht sich vor allem als „Kultreinheit",
als Qualifikation,
um der kultfeiernden Jahwegemeinde anzugehören.
Der „Reine" ist der zu Jahwe Gehörende,
der Unreine ist der Ausgeschlossene.
So gesehen kann man rein und unrein
auch im Sinn von gut und böse verstehen.

Das Böse kommt nicht von außen
in den Menschen hinein,
sondern es kommt von innen
aus dem Menschen heraus.

258

22. Sonntag im Jahreskreis

Auch wenn die Macht des Bösen
in der Welt eine gewisse Selbständigkeit besitzt,
so ist das Böse doch nicht durch die Welt,
sondern durch den Menschen in die Welt gekommen.
„Durch den Menschen kam die Sünde in die Welt"
(Röm 5,12) und damit das Böse.
Die Welt als Gottes Schöpfung ist gut;
von ihr kommt nichts Böses.
Die Welt als Gottes Schöpfung macht die Menschen
nicht böse.
Im Gegenteil: Durch die Ehrfurcht vor der Schöpfung
und durch die Achtung der Natur und ihrer Gesetze
könnte der Mensch wieder gut werden.

Der Mensch wird böse nicht von außen,
sondern von innen;
aus seinem Herzen kommt das,
was ihn böse macht
und was die Schöpfung vergiftet.
Das Menschenherz ist wohl nicht
der Ursprung des Bösen,
so wie es auch nicht der Ursprung des Guten,
der Liebe, ist.
Aber es ist das Ventil für beides.
Der Ursprung des Guten ist Gott;
der Ursprung des Bösen ist wohl in einem
egoistisch-rationalistischen Moment der mit
Vernunft und Freiheit begabten Geschöpfe zu sehen.

22. Sonntag im Jahreskreis

Das Böse wie das Gute wirken ansteckend,
und so kann sich beides ausbreiten in der Welt.
Alles, was sich auswirkt, wirkt auch ein.

Die Frage, ob der Mensch von Natur aus
gut oder böse ist,
ist seit der Aufklärung nicht mehr verstummt.
Die Antwort auf diese Frage
hat erhebliche Konsequenzen für die Pädagogik.
Wenn der Mensch von Natur aus gut ist
und erst durch die Erziehung schlecht gemacht wird,
verbietet sich jede einschränkende Erziehung.

Nach christlicher Auffassung
ist der Mensch als Geschöpf Gottes gut,
aber fähig zu allem.
Der Mensch kommt auf die Welt als ein „Bündel Trieb",
das ganz auf Liebe und auf die Erziehung durch die Liebe
angewiesen ist.
Der Mensch bringt die Liebe,
die er braucht, um sich selbst anzunehmen und zu lieben,
nicht mit auf die Welt.
Diese Liebe muß er empfangen (Symbol der Taufe).
Die Bezugspersonen vermitteln diese Liebe,
die von Gott stammt.
Der Trieb des Menschen ist
– im Gegensatz zum Tier –
noch nicht genügend geregelt durch die Triebhemmung.

22. Sonntag im Jahreskreis

Darum muß er erzogen werden.
Grenzen, die in Liebe gesetzt werden,
wirken als Halt und Lebenshilfe.
Die Auswirkungen eines ungehemmten Triebes
nehmen gerade in unserer Zeit
verheerende Ausmaße an.

„Der Mensch ist irgendwie alles."
Ob er überwiegend gut oder böse wird,
hängt ab von der Herzensbildung.
Die Herzensbildung hängt wesentlich ab
von der Erfahrung der Liebe als Geliebt-Sein.
Wir werden immer die zwei Seelen
in unserer Brust verspüren.
Es ist jedoch entscheidend,
daß mehr Liebe als Haß aus unserem Herzen kommt.
Dann haben wir die Hoffnung,
daß immer wieder die Liebe
den Haß besiegt und verwandelt.

Herr,
reinige mein Herz
durch die Kraft deiner Liebe,
damit es eine Quelle der Liebe wird
für die Menschen und für die Welt.

23. Sonntag im Jahreskreis (Mk 7,31–37)

„Er macht, daß die Tauben hören und die Stummen sprechen."

Berührt werden und berühren

Bei unserer Diskussion über den Pflegenotstand
wird oft die Not der Pflegenden übersehen,
die mit Idealismus ihren Beruf ausüben
und am Ende sind mit ihren Kräften.
Das Evangelium erzählt heute,
wie die Menschen,
die „sich nicht mehr zu helfen wissen",
den Behinderten, den Kranken,
einfach zu Jesus bringen,
damit er ihn berühre.
Das Gebet kann eine Hilfe sein,
wenn wir uns mit Menschen nicht mehr zu helfen
wissen,
daß wir den Notleidenden einfach zu Jesus bringen.
Dieses Gebet kann uns Kraft geben,
daß wir wieder die Bereitschaft finden,
das Menschenmögliche in Liebe zu tun
und das Menschenunmögliche in Kauf zu nehmen.

23. Sonntag im Jahreskreis

Körperliche Behinderungen
können Symbole, sogar Symptome sein
für tiefer liegende Nöte.
Unsere Sinne, Triebe und unsere Vernunft
sind von Haus aus,
von unserer „sündigen" Natur aus,
nicht offen für Gott.
Die Erlösung besteht vor allem darin,
daß uns Jesus öffnet für Gott.
Schon in der Sprache kommt unsere Verschlossenheit
zum Ausdruck:
„Ich kann mich nicht aus-sprechen,
weil mich niemand anhört."
„Ich finde kein Gehör."
„Jedes Wort wird mir falsch ausgelegt."
„Wir verstehen uns nicht mehr."
„Ich kann das einfach nicht mehr hören."
„Ich weiß nicht, wohin ich ge-höre."
„Herr, höre mein Flehen und erhöre mich!"

Jesus nimmt den Gehörlosen „beiseite –
von der Menge weg":
Er ist jetzt ganz persönlich nur für ihn da.
In der Nähe Jesu,
durch die liebende Berührung,
findet der Gehörlose sein Gehör.
Er wird nun Jesus „gehören",
auf ihn hören und horchen.

23. Sonntag im Jahreskreis

Er wird „gehorsam",
weil er den gefunden hat,
dem er ganz vertrauen kann.

Stummheit ist oft die Folge von Taubheit.
Wenn mich keine Worte erreichen,
werde ich „sprachlos".
Unsere Erzählung spricht von der „Fessel" der Zunge.
Vieles kann die Zunge fesseln
und Sprachlosigkeit verursachen.
Viele Redewendungen sind Ausdruck
solcher sprachlähmender Erlebnisse:
„Ich finde keine Worte mehr."
„Mir verschlägt es die Sprache."
„Ich komme nicht zu Wort."
„Ich kann mich nicht mehr zur Sprache bringen."
„Ich habe nichts mehr zu sagen."
„Er trägt sein Herz auf der Zunge."
„Er gibt nichts mehr von sich."
„Er ist verstummt."
„Man hat ihn zum Schweigen gebracht."
„Ich kann nicht mehr beten."
„Herr, öffne meine Lippen,
damit mein Mund dein Lob verkünde!"

Die intime Berührung mit Speichel
löst das „Band" seiner Zunge,
und er kann wieder „richtig" sprechen.

23. Sonntag im Jahreskreis

Die gegenseitige „Stimmfühlung" ist wieder hergestellt;
die Stimme sagt oft mehr, als Worte sagen können.

Effata! Öffne dich!
Wenn Jesus die Sinne öffnet,
ist das mehr als ein medizinisches Ereignis
und mehr als die Rückgabe
phonologischer und akustischer Fähigkeiten.
Die Sinne sind erst dann ganz offen,
wenn sie offen sind für Gott:
Wenn ich Gott, das Wort Gottes, vernehmen kann;
(wenn ich Gott sehen kann in den sinnenhaften
Geschöpfen);
wenn ich mich vor ihm zur Sprache bringen kann,
und wenn ich erlebe,
daß ich von Gott „er-hört" bin –
allein schon, wenn ich beten kann.

Es gibt gewiß das besondere Charisma der Heilung.
Aber bereits jeder Mensch,
der von Glaube, Hoffnung und Liebe geprägt ist,
wirkt heilend
im inneren und im sinnenhaften Bereich
des menschlichen Lebens.
Die innere „Rührung",
das heißt das innere Leben
und das, was mich innerlich bewegt,
wird in der „Be-Rührung" übertragen.

23. Sonntag im Jahreskreis

Im An-gerührt-Sein
rührt sich in mir
die heilende Kraft des Lebens.
Durch das Angerührtsein von Gott werde ich fähig,
andere heilend zu berühren.

Das Redeverbot, das Jesus gibt,
soll wohl jeder Sensationsmache vorbeugen.
Jesus will nicht durch Sensationen
Aufsehen erregen;
er will die heilende Kraft der Liebe Gottes offenbaren,
die Bekehrung bewirkt.

Herr,
öffne meine Ohren und gib mir ein hörendes Herz,
damit ich dein Wort vernehme;
öffne meine Lippen,
damit ich mich zur Sprache bringen kann,
und damit mein Mund dein Lob verkündet.

24. Sonntag im Jahreskreis (Mk 8,27–35)

„Du bist der Messias!" Dann begann er, sie darüber zu belehren, der Menschensohn müsse vieles erleiden.

Gewinnen durch Verlieren

Auch wenn das Selbstbewußtsein Jesu
durch seine Gottesbeziehung in sich stand,
war für ihn die Meinung der Leute
und vor allem die seiner engsten Freunde wichtig:
„Für wen halten mich die Menschen?"
Als Mensch hat Jesus auch die Bestätigung
von Menschen gebraucht.

Im Volk war der Glaube vorhanden,
daß unmittelbar vor dem Messias
die messianischen Propheten Johannes und Elija
auf die Welt kommen würden.
Petrus gibt die klare Bestätigung: „Du bist der Messias."
Er stellt sich aber doch unter „Messias" etwas ganz
anderes vor,
als er in Jesus vorfand.
Ein Messias soll herrschen
– mit der Macht der Gewalt –
nicht leiden.

24. Sonntag im Jahreskreis

Jesus nennt ihn deshalb „Satan".
Konsum, Sensation und Gewalt
kennen wir als die satanischen Versuchungen Jesu.

Jesus „muß" und will die Menschen
durch die Macht der Liebe gewinnen;
er muß durch die Macht der Liebe
die Macht der Gewalt überwinden.
Und das heißt:
Er muß sich die Menschen „er-leiden".
Er kann nur durch sein Leiden zeigen,
daß er alle Menschen
bedingungslos „leiden kann".
Menschen, die sich und andere nicht leiden können,
werden von ihrem Leiden nur befreit,
wenn sie einen Menschen finden,
der sie bedingungslos und unverlierbar leiden kann.
Das ist Jesus.
Und das ist der Jesusjünger,
der sich das Erlösungsprinzip angeeignet hat.

Wer Jesus nachfolgen will,
muß einerseits ganz selbständig werden
und andererseits sich selbst verleugnen:
Er muß das angeborene „Ego-Selbst" preisgeben,
um das neue „Jesus-Selbst" zu gewinnen.
Das angeborene Ego-Selbst
denkt und handelt

24. Sonntag im Jahreskreis

nach den satanisch-weltorientierten Prinzipien:
Konsum, Sensation und Macht.
Das durch den Glauben gewonnene
und in der Jesusnachfolge verwirklichte
Jesus-Selbst
denkt und handelt
nach dem Prinzip der vergebenden Liebe.
In den Gegensätzen:
Vergebung statt Vergeltung,
Liebe statt Haß,
Verzicht statt Forderung
wird die Gegensätzlichkeit
der verschiedenen Identitäten offenbar.
Wenn verschiedene Identitäten zusammentreffen,
stellen sie sich gegenseitig in Frage.

Wenn die Toleranz fehlt,
muß der andere verurteilt und irgendwie
ausgeschaltet werden,
weil sonst die eigene Identität verlorengeht.
Die universale Toleranz, die Jesus verwirklicht,
und die der Jesusjünger verwirklichen soll,
beruht auf der universalen Liebe Gottes:
Wenn Gott auch meine Feinde liebt,
kann ich entweder meine Feinde ebenso tolerieren,
oder ich muß diesen Gott ablehnen.
Andererseits wird ein Mensch,
der seine Feinde haßt und glaubt,

24. Sonntag im Jahreskreis

mit vollem Recht seine Feinde hassen zu „dürfen",
durch meine christliche Toleranz total in Frage
gestellt.

Er „muß" mich ablehnen, verurteilen und schlecht
machen oder gar hinrichten.
Er „muß" auch den allgütigen und allerbarmenden Gott
durch einen vergeltungsgerechten, strafenden Gott
ersetzen.
Die Verteidigung des „strafenden Gottes"
ist häufig ein Zeichen für eingeschränkte Toleranz.
Die uneingeschränkte Toleranz Jesu und seiner Jünger
fordert Ablehnung und Verfolgung geradezu heraus.
Jesus wird verurteilt,
weil er niemanden verurteilt.
Toleranz kann das Leben kosten.
Wer aber diesen Preis für seine tolerante Liebe zahlt,
beweist dadurch,
daß er im Verlust des vergänglichen Lebens
das ewige Leben gewonnen hat.

Verfolgung muß nicht mit Hinrichtung enden;
es gibt die vielen Benachteiligungen,
die man um seiner Überzeugung willen in Kauf nimmt.
Die universale Toleranz,
die Liebe, die niemand verurteilt,
die an jedem Menschen noch etwas Gutes findet,
ist das entscheidende christliche Merkmal.

24. Sonntag im Jahreskreis

Man kann das christliche Prinzip nicht verordnen;
eine Gruppe oder ein Staat kann auf Verurteilung
und Strafe
solange nicht verzichten,
solange nicht alle Bürger „echte" Christen
bzw. von universaler Toleranz geprägte Menschen sind.
Christsein bewirkt Straflosigkeit;
aber Straflosigkeit bewirkt noch nicht Christsein;
Straflosigkeit bewirkt ohne Bekehrung Verwahrlosung.

Eine Ermutigung zur Jesusnachfolge ist der Hinweis
auf den Verlust des irdischen Lebens.
Wer sein Leben nur am Materiellen orientiert
und nur für ein materielles Glück lebt,
wird spätestens im Tod alles verlieren,
wo der Jesusjünger alles gewinnt.

Wer Jesus nachfolgen will,
muß auch wissen,
daß Jesus immer „unterwegs" ist.
Er wird ständig mit neuen Situationen konfrontiert,
denen er sich immer wieder neu und anders stellen muß.
Bei allen Institutionen und Systemen,
die für ein Zusammenleben von Menschen
notwendig sind,
muß der Jesusjünger darauf achten,
daß er immer unterwegs bleibt
und *sein* Kreuz täglich neu auf sich nimmt.

271

24. Sonntag im Jahreskreis

Jedes persönliche Kreuz ist ein Splitter vom Kreuz Jesu.
Und so ist es auch Jesus,
der mein Kreuz mitträgt,
wenn ich mein Kreuz immer wieder auf mich nehme.

Herr,
mache mich fähig,
daß ich mich überall und nirgends anpasse;
daß ich alles verstehe,
auch wenn ich nicht verstanden werde.

25. Sonntag im Jahreskreis (Mk 9,30–37)

„Wer der Erste sein will, soll der Letzte von allen
und der Diener aller sein."

Der Freude dienen

Jesus will sich wieder bei seinen Freunden
über sein bevorstehendes Leiden aussprechen.
Doch er findet kein Gehör.
Die Jünger bewegt vielmehr die Frage
nach den Positionen im Reich Gottes.
Die Frage:
„Was habe ich davon?", „was bringt mir das?"
ist leider auch in der Kirche für viele
immer wieder das Hauptanliegen.
Jesus verzichtet auf das Verständnis der Jünger
für seinen bevorstehenden Leidensweg;
doch versucht er ihnen klarzumachen,
worauf alles ankommt.

Die Größe in der Jesusgemeinde
besteht nicht im Herrschen, sondern im Dienen.
Alle Weisungsvollmacht,
die nicht aus der Macht der Liebe kommt,
widerspricht dem Anliegen Jesu.

25. Sonntag im Jahreskreis

Jesus will den Jüngern klarmachen,
daß es einzig und allein auf das Dienen ankommt.
„Denn der Menschensohn ist nicht gekommen,
um sich dienen zu lassen,
sondern um zu dienen –" *(Mk 10,45)*
Paulus artikuliert diesen Dienst noch genauer:
„Diener eurer Freude sind wir" *(2 Kor 1,24)*.

Der Jesusjünger hat den Auftrag und die
„Vollmacht",
die Menschen mit Gott froh zu machen.
Die „Macht", andere froh zu „machen",
kommt aus der Freude selbst.
„Die Freude am Herrn ist unsere Stärke" *(Neh 8,10)*,
aber auch die Voraussetzung
für alle Tätigkeiten, Dienste und Funktionen
in der Jüngergemeinde (Kirche).
Der Beitrag zu einer unzerstörbaren Hoffnung und
Lebensfreude,
– nicht die Unterwerfung unter ein religiöses
Machtsystem –
ist auch der Sinn und das Ziel
jeder missionarischen Tätigkeit.

Der Dienst an der Freude
führt zu einer Frage,
deren Beantwortung bereits eine Glaubensentscheidung
beinhaltet:

25. Sonntag im Jahreskreis

Was ist Freude?
Was ist Glück?
Die einen sagen:
Freude ist das Spüren von Glücksgefühlen.
Die anderen sagen:
Freude ist das Bewußtsein,
bedingungslos und unverlierbar geliebt zu sein.
Dieses Bewußtsein ist mehr als Gefühl,
auch wenn es in körperlich-seelischen Gefühlen
immer wieder erlebbar wird.
Diese Freude gibt auch die Kraft,
Leid, Not und Tod zu bestehen.
Die Lust verlangt nur nach „mehr",
nach „tiefer, tiefer Ewigkeit"; –
aber sie führt nicht dorthin,
wonach sie verlangt.

Den verschiedenen Antworten auf die Frage
„Was ist Glück?"
liegen verschiedene Menschenbilder zugrunde,
die ihrerseits auch eine Glaubensentscheidung
einschließen.
Für den einen ist der Mensch Konsumsubjekt und
Konsumobjekt,
und sein einziger Lebenssinn ist „Spaß haben".
Für den anderen ist der Mensch ein „Geschenk",
ein Geschenk der Liebe und des Lebens,
ein Geschenk Gottes.

Für den ersten *ist* Liebe Gefühl und Lust,
für den anderen *hat* Liebe Gefühl und Lust;
für ihn ist die Liebe eine positive Urkraft,
die den Gefühlen zugrundeliegt,
die aber nicht in Gefühlen besteht.
Diese Urkraft ist Gott,
den der Christ in Jesus Christus verkörpert sieht.

Man könnte dies vergleichen mit einem Pfirsich:
das süße Fleisch und der harte Kern.
Im harten Kern liegt der Keim,
der immer wieder Gefühle hervorbringt,
wenn sie erloschen sind.
In ihm liegt aber auch die Kraft,
die Angst zu überwinden,
aus der das Böse und die unguten Gefühle kommen.

Gott ist die Liebe.
Er hat uns Jesus gesandt,
„damit die Freude in uns vollkommen" und
unzerstörbar werde *(vgl. Joh 15,11)*.
So ergibt sich schließlich die Gleichung:
Vor Gott groß sein heißt dienen:
den Menschen dienen heißt der Freude dienen
heißt Gott dienen.
Gott ist der Ursprung unserer Freude;
insofern dient *er* unserer Freude.

25. Sonntag im Jahreskreis

Wenn *wir* nun Gott dienen und Gottesdienst feiern,
feiern wir den Dienst Gottes an den Menschen,
den er durch Jesus Christus verwirklicht.
Darum „macht" das Gottesdienstfeiern Freude.

Wenn heute so wenig Interesse am Gottesdienst besteht,
zeigt das zunächst,
welchem Menschenbild die meisten Menschen huldigen.
Es zeigt aber auch, wie notwendig es ist,
die innere Wirklichkeit des Gottesdienstes
wieder neu zu entdecken und ansprechend zu gestalten.

Jesus ist Praktiker:
Er stellt ein Kind in die Mitte und nimmt es in die Arme.
In der Beziehung zum Kind ist alles enthalten,
und an der Beziehung zum Kind ist alles abzulesen,
worauf es im Leben ankommt.
Jesus sagt:
Wer ein Kind aufnimmt, nimmt mich, nimmt Gott auf.
Dieser Satz besagt die Einheit
von christlichem Lebensvollzug und christlicher
Pädagogik.
Das Kind ist ganz offen;
arglos vertrauend ist es total angewiesen
auf Angenommen-Werden.
Wenn es angenommen wird,
wird es trotz aller Belastungen zur Quelle der Freude.
Das „Kind" stirbt nicht beim Erwachsen-Werden.

25. Sonntag im Jahreskreis

Das „Kind" bleibt die Freude beim Erwachsenen,
der „Kind geblieben" ist,
das heißt der wie ein Kind sich annehmen lassen
und wie ein Kind annehmen kann.

Herr,
laß mich der Freude dienen,
von der ich selber lebe.

26. SONNTAG IM JAHRESKREIS
(MK 9,38–43.45.47–48)

„Denn wer nicht gegen uns ist, der ist für uns.
Wenn dich deine Hand zum Bösen verführt,
dann hau sie ab."

Konsequent sein

„Wer nicht gegen uns ist, der ist für uns."
Es ist nicht leicht für einen Jesusjünger
oder für ein Mitglied der Jesusgemeinde einzusehen,
daß auch außerhalb der Gemeinde viel Gutes geschieht,
daß einer im Namen Jesu Gutes tun kann,
der nicht zur sichtbaren Jesusgemeinde gehört.
Es gibt auch eine innere Zugehörigkeit zu Jesus.
Das Kennzeichen der inneren Jesuszugehörigkeit
ist die barmherzige Liebe.
Ohne sie ist die äußere Jesuszugehörigkeit sinnlos,
wenn nicht gar eine Lüge.

Bei *Mt 12,30* sagt Jesus:
„Wer nicht für mich ist, ist gegen mich."
Wenn man dieses Wort
mit der obigen Aussage in Einklang bringt,
wird deutlich,

26. Sonntag im Jahreskreis

daß die Zugehörigkeit zur Person Jesu
noch nicht mit der Zugehörigkeit zur Jesusgruppe
gegeben ist.
Nicht alle, die sich Christen nennen, sind Christen.
Andererseits kann es wahre Christen geben,
die sich dessen gar nicht bewußt sind
(vgl. die „anonymen Christen" bei Karl Rahner).
Im nächsten Abschnitt findet Jesus harte Worte für alle,
„die einen von diesen Kleinen, die an mich glauben,
zum Bösen verführen".
Damit sind gewiß nicht nur die Kinderschänder
gemeint,
sondern alle,
die vielleicht aus dem Unbehagen ihres eigenen
Unglaubens heraus ein Interesse haben,
den anderen ihren „kindlichen Glauben" zu zerstören.

Im Evangelium des letzten Sonntags
stellt Jesus ein Kind in die Mitte.
Das Wesen des Kinderglaubens
ist das arglose, absichtslose, bedingungslose Vertrauen –
ein Glaube, der mit ungelösten Fragen und Problemen
leben kann;
ein Glaube, der glaubt, daß Gott die Liebe ist,
auch wenn es das Leid und so viel Böses, Ungerechtes
und Unverständliches in der Welt gibt.
Ein Kind ist fähig zu diesem Glauben,
wenn ihm Gott in entsprechender Weise nahegebracht wird.

280

26. Sonntag im Jahreskreis

Das harte Jesuswort ist somit nicht nur eine Warnung,
sondern eine pädagogische Mahnung
zu einer glaubwürdigen Verkündigung.
Es geht nicht nur um den Glauben des Kindes,
sondern genauso um den kindlichen Glauben
des Erwachsenen.
Der Glaube kann ein Leben nur tragen,
wenn er stärker ist als alle Warum-Fragen,
und wenn er von deren Beantwortung
letztlich nicht mehr abhängig ist.

Das Kind kommt in die kritisch-rationalistische Phase
seiner Entwicklung,
in der es alles in Frage stellt
und in Frage stellen muß.
Es kann sein,
daß es alles, was es einmal geglaubt hat,
als Schwindel und Betrug erachtet.
Jetzt braucht es das Beispiel einer liebenden Bezugsperson,
die das Kind versteht und ernstnimmt
und ihm den „kindlichen Glauben des Erwachsenen"
vorlebt.
Der kindliche Glaube des Erwachsenen
unterscheidet sich vom Glauben des Kindes dadurch,
daß er die rationalen Argumente,
die gegen den Glauben zu sprechen scheinen,
nicht ausklammert,
sondern aufnimmt und durcharbeitet.

26. Sonntag im Jahreskreis

Ein mündiger Christ mit „kindlichem" Glauben
sollte zu kritischen Glaubensgesprächen fähig sein.
Gerade in unserer Zeit mit den vielen Sekten
und so vielen religiösen Gruppen
ist die Erziehung zu einer positiven Kritikfähigkeit
dringend nötig.

Im letzten Abschnitt ermahnt Jesus
zu einer konsequenten Entschiedenheit
in der praktischen Lebensführung.
Auch wenn wir als Christen leben wollen,
haben wir immer die Not mit unseren Halbherzigkeiten.
Wir können nicht „Gott dienen und dem Mammon".
Es ist schon viel gewonnen,
wenn wir unsere Halbheiten zugeben können
und uns nicht selbst betrügen,
indem wir unsere Halbheiten zu legitimieren
versuchen.

Jesus will uns gewiß nicht zur Selbstverstümmelung
anhalten:
Wenn ich z.B. feststelle,
daß ich immer noch den inneren Zwang habe,
Filme, Fernsehsendungen oder Videos anzuschauen,
die die Sucht in mir verstärken,
soll ich mir nicht die Augen ausreißen,
sondern den Fernseher ausschalten.
Wenn ich etwas tue,

26. Sonntag im Jahreskreis

oder wenn ich dorthin gehe,
wo ich weiß, das schadet meinem inneren Frieden,
dann soll ich das ganz einfach lassen.
Es geht hier um den verantwortlichen Umgang
mit den „Verlockungen des Bösen,
damit es nicht Macht über uns gewinnt" (vgl. Taufritus).
Man kann Gift nicht probieren,
ob es giftig ist;
und man sollte die eigene Immunität
nicht überschätzen und unnötig herausfordern.

Herr,
laß mich erkennen,
daß du auch außerhalb deiner Gemeinde
das Gute wirkst.
Gib mir die Kraft,
daß ich durch eine entschlossene
und konsequente Lebensführung bezeuge,
daß ich zu dir gehöre.

27. Sonntag im Jahreskreis (Mk 10,2–16)

„Was aber Gott verbunden hat,
das darf der Mensch nicht trennen."

Durch Trauen treu werden

Mit der Ehescheidungsfrage wollten sie damals
Jesus eine Falle stellen.
Auch heute ist es ein Prüfstein christlicher Einstellung,
wie man über menschliche Beziehungen denkt,
und wie man mit ihnen umgeht.
Die von Mose erlaubte Ehescheidung
sieht Jesus als ein Zugeständnis
menschlicher Schwäche und Herzenshärte.
Insofern es auch heute menschliche Schwäche
und Herzenshärte gibt,
kann auch heute noch die verantwortete Ehescheidung
oft das kleinere Übel sein.

Jesus aber weist auf den göttlichen Ursprung
aller menschlichen Beziehungen hin,
von dem her die Unauflöslichkeit kommt.
Die Jünger fragten zu Hause noch einmal genauer nach,
und Jesus macht ihnen klar,
daß nicht nur Frauen Ehebruch begehen können

27. Sonntag im Jahreskreis

nach damaliger allgemeiner Meinung,
sondern genauso auch die Männer.

In der Bergpredigt bei Matthäus
geht Jesus noch genauer auf das Ehebruchproblem ein,
indem er es weiter verschärft:
„Wer eine Frau auch nur lüstern ansieht,
hat in seinem Herzen
schon Ehebruch mit ihr begangen" *(Mt 5,28)*.
Dies heißt:
Genau genommen sind alle Ehebrecher,
auch die,
die sich im Sinne der Buchstabenmoral nichts
vorzuwerfen haben.
Die Konsequenz daraus ist die Tatsache,
daß eine Ehe und jede Art von menschlicher Beziehung
nur aus Vergebung gelebt werden kann.
Wer auf die Unfehlbarkeit des anderen vertraut,
wird immer enttäuscht werden.

Wer sein Lebensglück im letzten
von einem Menschen abhängig macht,
überfordert ihn und treibt ihn von sich weg.
Andererseits darf auch ich nicht zulassen,
daß sich ein Mensch so an mich klammert,
daß er ohne mich nicht mehr leben kann.
Eine Beziehung kann nur glücklich werden,
wenn das Gesetz von Distanz und Nähe beachtet wird.

27. Sonntag im Jahreskreis

Der Trieb verlangt immer nach „Besitzen".
Das ungehemmte Besitzen führt zur Sucht,
zur Besessenheit.
Diese Besessenheit führt zu den schrecklichen
Quälereien der Eifersucht
bis hin zu Mord oder Selbstmord.
Manchmal wird in der kirchlichen Trauung
ein Druckmittel zur Treue gesehen.
In vergangener Zeit war gewiß der gesellschaftliche
Druck auch ein Grund,
daß es nicht so viele Ehescheidungen gab wie heute.

Treu sein kann man jedoch nur aus Vertrauen,
nicht aus Angst.
Aber wem soll ich trauen,
wenn ich immer wieder erlebe,
daß ich mit meinem Vertrauen Menschen überfordere?
Ich möchte total vertrauen,
und das kann kein Mensch aushalten.
In meinem Bedürfnis zu vertrauen
liegt die Sehnsucht nach dem Urvertrauen.
Wenn ich einen Menschen damit belaste und überfordere,
ist das mein Fehler und nicht der seine.

Die Lösung aller Beziehungsprobleme liegt im Glauben,
daß Gott, die ewige Liebe,
der Ursprung aller menschlichen Beziehungen ist.

27. SONNTAG IM JAHRESKREIS

Hier sind nicht nur die Beziehungen
von Mensch zu Mensch gemeint,
sondern auch die Beziehungen zu allen Geschöpfen.
Bei Eheproblemen wird oft das Bibelwort zitiert:
„Was Gott verbunden hat,
das darf der Mensch nicht trennen".
Legitim ist aber auch die Übersetzung:
„… das *kann* der Mensch nicht trennen."

Das Jesuswort beinhaltet nicht nur eine moralische
Forderung;
es zeigt auch, woher die Kraft zur Treue kommt:
aus dem Vertrauen auf Gott.
Wenn sich zwei Menschen zusammen an Gott festhalten,
dann ist *er* es, der sie fest zusammenhält.
Die Unauflöslichkeit ist nicht das Wesen
der christlichen Ehe,
sondern die Folge.

Das Wesen einer christlichen Ehe und Beziehung ist der
Glaube,
daß Gott der Ursprung des Glücks ist,
das wir ganz menschlich erfahren.
„Halt dich an *ihm* fest; *er* ist ja dein Leben" (*Dtn 30,20*).

Christliche Ehe könnte man so beschreiben:
„Vor Gottes Angesicht wage ich es,
dich als Mann, als Frau, zu nehmen".

27. Sonntag im Jahreskreis

Im Vertrauen auf ihn
erwarten und erbitten wir
immer wieder die Kraft zur Treue und die Kraft,
einander leiden zu können.

Wenn menschliche Beziehungen
von Gott her gesehen und interpretiert werden,
verlaufen sie anders,
als wenn sie nur irdisch betrachtet werden.
Wenn ein Mensch Treue verspricht,
verspricht er etwas,
das er nur aus eigener Kraft nicht leisten kann.
Diese Erkenntnis kann manchmal erst
im Scheitern einer Beziehung gewonnen werden.

Wenn heute so viele Ehen geschieden werden,
ist die Frage,
ob das überhaupt christliche Ehen waren,
ob Gott die Eheleute verbunden hat,
oder ob nur Gefühle und materielle Erwartungen
ausschlaggebend waren.
Unser Leben ist durchsetzt von Unkenntnis, Irrtum
und Schuld.
Irgendwann kommt jede Ehe und jede Lebensform auf
den Prüfstand, wo sich alles herausstellt.
Nun gilt es, im Vertrauen auf Gott das zu tun,
was der Liebe mehr entspricht:
ein neuer Anfang oder Trennung.

27. Sonntag im Jahreskreis

Dabei ist jeder Anfang zugleich Trennung vom alten
und jede Trennung zugleich ein neuer Anfang.

Am Ende der heutigen Problemgespräche
treten wieder die Kinder auf:
„Laßt die Kinder zu mir kommen."
Wer auf Gott vertrauen kann wie ein Kind,
der wird auch in seinen Beziehungen Glück und Segen
finden.

Herr,
ich vertraue auf deine Treue.
Mach mich treu
zu allem,
was mir vertraut geworden ist.

28. Sonntag im Jahreskreis (Mk 10,17–30)

„Verkaufe, was du hast, …und folge mir nach!"

Jesus nachfolgen

Glücklich sein – in den Himmel kommen –
will jede und jeder.
Wer an Jesus glaubt,
findet die Geborgenheit in der ewigen Liebe
um den Preis des Verzichtes,
im Materiellen das ganze Glück zu suchen.
Die Frage: „Was muß ich tun, um das ewige Leben
zu gewinnen?"
können wir umformulieren:
„Was muß ich tun, um das wahre Glück
zu gewinnen?"

Der erste Satz von Jesus läßt uns schon aufhorchen:
„Niemand ist gut außer Gott."
Nicht alles, was wir gut oder böse nennen,
ist von Gott auch gut bzw. böse.
Der göttliche Maßstab für gut und böse
ist die grenzenlose Liebe Gottes.
Ohne diese Liebe kann kein Mensch
wahrhaft gut sein.

28. Sonntag im Jahreskreis

Dann nennt Jesus die Gebote als erste Hilfe,
um das Gute zu tun.
Aber die Gebote sind nur der äußere Rahmen,
der erfüllt werden muß von der Liebe,
die in letzter Konsequenz
auf alles Irdische verzichten kann.
Der irdische Besitz, den wir aus Liebe verschenken,
wird ewiger Besitz.
Für den jungen Mann im Evangelium
ist die Anziehungskraft des Irdischen
letztlich doch stärker
als die Anziehungskraft Jesu.
Die Anziehungskraft des Irdischen
hält auch uns oft so gefangen,
daß wir unseres Glaubens an Jesus
nie richtig froh werden können.
Die Faszination Jesu einerseits
und die Faszination des Irdischen andererseits
halten uns dauernd in Spannung,
die zum Zerreißen führen kann.

Jesus bestätigt unser Unvermögen,
selber in den Himmel zu kommen:
„Eher geht ein Kamel durch ein Nadelöhr
als ein Reicher in den Himmel."
Die „Reichen" sind alle,
die im Reichtum ihr Glück suchen –
gleichgültig, wieviel sie besitzen.

28. Sonntag im Jahreskreis

Wer kann dann noch gerettet werden?
Es kann doch nicht jede und jeder ein Franziskus sein.
Auch wenn wir Menschen
uns den Himmel nicht verdienen können –
„für Gott ist alles möglich",
auch daß wir „aus Gnade" in den Himmel kommen.
Dieses Jesuswort nimmt uns alle Zukunftsangst;
aber es kann auch sehr leicht mißverstanden werden:
Das Erbarmen Gottes kann uns retten,
und es wird uns retten,
aber nur insoweit, als wir selbst barmherzig werden.

Soweit wir hoffen,
daß sich letztlich niemand dem Barmherzig-Werden
verschließt,
haben wir die Hoffnungsgewißheit,
daß alle Menschen gerettet werden.
Und doch können wir vieles tun,
um auf dem Weg der Barmherzigkeit
voranzukommen.
Wir können die Gebote ernstnehmen.
Wir können beginnen, uns vom Irdischen zu lösen,
indem wir es nicht mehr absolut setzen
und verantwortlich damit umgehen.
„Kaufen, als besäßen wir nicht" *(1 Kor 7,30)*.
Wir können über die „bleibenden" Schätze
und über den „inneren" Reichtum nachdenken.

292

28. Sonntag im Jahreskreis

Jesus weist uns darauf hin,
daß wir schon in dieser Welt für alles,
was wir um Jesu willen loslassen und nicht mehr
haben müssen,
das Hundertfache haben dürfen.
„Wer nichts mehr braucht, der hat genug" *(Wilhelm Busch)*.
Für den, der nichts mehr braucht,
wird alles mir zum Geschenk von dem,
der alles allen schenkt.
Gott beschenkt mich viel reicher,
als ich mich je beschenken könnte.

Wenn ich auf den eigenen Garten verzichte,
wird mir die ganze Welt zum Garten;
wenn ich um Jesu willen auf Haus und Hof verzichte,
gehört mir die Welt,
und ich bin überall daheim.
Der Preis für diese Freiheit und für diesen Reichtum
ist Haß, Neid, Mißgunst von denen,
die sich durch diese Freiheit in Frage gestellt sehen.

Es gibt verschiedene Grade und verschiedene Weisen
der Nachfolge Christi;
doch dies ist allen gemeinsam:
Die Bindung an das Ewige
verlangt ein Loslassen des Vergänglichen.
Alles Nachdenken über die Vergänglichkeit
kann dieses Loslassen erleichtern.

28. Sonntag im Jahreskreis

Herr,
mach mich frei,
damit ich dir nachfolgen kann.
Laß mich dir nachfolgen,
damit ich frei werde.

29. Sonntag im Jahreskreis (Mk 10,35–45)

„Der Menschensohn ist gekommen,
um sein Leben hinzugeben als Lösegeld für viele."

Getauft werden – den Kelch trinken

Zum dritten Mal versucht Jesus vergeblich,
seinen Jüngern klarzumachen,
warum er leiden müsse.
Die Jünger träumen immer noch von einem
„Reich Gottes"
nach gesellschaftlich-politischem Muster,
und jetzt schon fangen sie zu streiten an
um die Posten in diesem Traumreich.
Jesus versucht, ihnen noch einmal zu erklären,
daß in seinem Reich herrschen dienen heißt –
herrschen mit der Macht der Gewaltlosigkeit der Liebe.
Er selbst stellt sich als Beispiel vor:
Er wird freiwillig sein Leben hingeben
als „Lösegeld" für „die Vielen"
(das sind alle Menschen, die noch nicht „erlöst",
das heißt „geeint" sind).
Durch die Hingabe seines Lebens löst er sie aus
aus der „Isolationshaft" der Sünde,
aus der Herrschaft des Bösen.

29. Sonntag im Jahreskreis

Die Fesseln des Bösen
können nur mit selbstloser Liebe gesprengt werden.

Die Jünger können das alles noch nicht fassen;
sie müssen selbst erst vieles durchmachen,
bis sie Jesus überhaupt ahnungsweise verstehen können.
Ein Mensch ohne Leiderfahrung
oder ein Mensch, der grundsätzlich alles Leid verdrängt,
kann mit einem leidenden Erlöser nichts anfangen.
Paulus betont:
„Wir dagegen verkündigen Christus
als den Gekreuzigten" *(1 Kor 1,23)*.
Und er klagt unter Tränen:
„Denn viele leben als Feinde des Kreuzes Christi"
(Phil 3,18).
Paulus hat durch seine eigenen Leiden
den Zugang zum „leidenden Erlöser" gefunden.
Aus dieser tiefen Beziehung zum Gekreuzigten
erkennt er es als einzige Aufgabe seines Lebens,
den Gekreuzigten zu verkünden:
„Für Juden ein empörendes Ärgernis,
für Heiden eine Torheit,
für die Berufenen aber, Juden wie Griechen,
Christus, Gottes Kraft und Weisheit" *(1 Kor 1,23 und 24)*.

Paulus hat die Herrlichkeit des Dienens erlebt
und durchschaut;
im Christushymnus des Philipperbriefes *(Phil 2,5–11)*

29. Sonntag im Jahreskreis

hat er diesem Dienst literarisch besonderen Ausdruck
verliehen.

Zu Lebzeiten Jesu waren seine Jünger
noch nicht zum Geheimnis des Kreuzes durchgedrungen.
Jesus weiß,
wenn sie ihm treu bleiben und ihm auf dem Leidensweg nachgehen,
werden sie mit ihm zur österlichen Herrlichkeit gelangen
und alles begreifen,
was ihnen jetzt noch absolut unverständlich erscheint.
Das Leiden- und Sterben-*Müssen*
kann man erst hinterher, von der Auferstehung her,
in seiner „Not-wendigkeit" erfassen.
Bevor wir leiden „müssen",
haben wir nur das Risiko des Vertrauens,
das aus der Liebe zu Jesus
und aus dem Glauben an die absolute Liebe kommt.
Bei allem Sich-Sträuben gegen das Leid
gibt es irgendwann kein „Vorbei" mehr,
sondern nur mehr das „Hindurch".

Jesus sagt seinen Jüngern unverblümt,
sie wissen nicht, um was sie bitten.
Die Erkenntnis, die ihnen noch fehlt,
kann er nicht mehr durch Belehrung vermitteln.
Die Jünger können sich diese Erkenntnis nur er-leiden.
Darum sagt er:

297

29. Sonntag im Jahreskreis

„Könnt ihr meinen Kelch trinken,
könnt ihr meine Taufe auf euch nehmen?"
Jesus weiß,
die Liebe der Jünger ist so stark,
daß sie das Leid, das die Nachfolge mit sich bringt,
auf sich nehmen werden.
Dann werden sie zur vollen Erkenntnis
„Jesu, des Gekreuzigten," gelangen,
und in dieser Erkenntnis erübrigen sich alle Fragen.

Das Symbol Kelch ist doppeldeutig:
Es gibt den Kelch der Freude
und den Kelch des Leids.
Im „Kelch" wird die Freude und das Leid „gesammelt"
und zum Trinken, zum In-sich-Aufnehmen, bereitet.
Ebenso ist das Symbol „Taufe" doppeldeutig:
Eingetaucht-Werden in Freude,
Eingetaucht-Werden in Leid.
Freude und Leid haben wir *in* uns und *um* uns,
und somit sind wir *ganz* in Freude und Leid.
Bei der Betrachtung von Freude und Leid wird deutlich,
daß man beides nicht trennen kann
und nicht trennen darf.
Die Freude „zieht";
mit Freude geht alles wie von selbst.
Das Leid drückt;
der Leidensdruck zwingt uns,
unsere Kräfte zu mobilisieren,

29. Sonntag im Jahreskreis

um das zu ändern, was zu ändern ist,
und schließlich um uns selbst zu ändern.
„Wenn wir mit Christus gestorben sind,
werden wir auch mit ihm leben"
(2 Tim 2,11 und Röm 6,8).

Durch das Einswerden der Gegensätze
von Leid und Freude, Sterben und Leben,
wird auch alles gut und böse zugleich:
„Denn für mich ist Christus das Leben
und Sterben Gewinn" *(Phil 1,21).*

Herr,
laß mich durch den Kelch des Leides
den Kelch der Freude gewinnen.

30. Sonntag im Jahreskreis (Mk 10,46–52)

„Rabbuni, ich möchte wieder sehen können."

Jesus im Auge haben

Bei allen Heilungswundern Jesu
stoßen uns immer wieder
die verständlichen, aber an sich sinnlosen Fragen auf:
Warum wurde der geheilt und ich nicht?
Hat er die Heilung mehr verdient als ich?
Sind Krankheit und Behinderung Strafe für Sünde?
Auch bei heutigen Heilungen kann man
dieselben Fragen stellen:
Warum wirkt beim einen die Therapie
und beim anderen nicht?
Man weiß, daß bei allen Heilungsprozessen
Einstellung, Glaube und Vertrauen des Patienten
eine wichtige Rolle spielen;
man weiß auch um die „heilenden Kräfte der Krankheit",
daß Krankheit ein Weg zur Gesundheit sein kann.
In derselben Krankheitssituation kann ich sagen:
„Ich bin krank" oder „ich bin am Gesundwerden".
Krankheit und Behinderung
sind vielschichtige und vieldeutige Phänomene.

30. Sonntag im Jahreskreis

Wenn Jesus Taube, Stumme, Blinde heilt,
öffnet er die Sinne für Gott,
den wir mit unseren „stumpfen Sinnen"
nicht hören und sehen,
nicht anrühren und ansprechen können.
Jesus öffnet unsere Sinne, damit wir ihn,
damit wir Gott im Sinn haben
und in den Sinn bekommen
und dadurch den Sinn des Lebens finden.
Insofern sind wir alle mehr oder weniger
blind, lahm, taub und stumm.
In den Heilungsgeschichten Behinderter
will Jesus uns anrühren,
damit uns ein Licht aufgeht,
in dem wir alles besser und anders sehen.

Unsere Geschichte heute erzählt
die Heilung des Blinden von Jericho.
Zum Sehen braucht man gutes Licht und gute Augen.
Im äußeren Bereich des Sehens
kann die Technik viel ausgleichen.
Aber es sind wenig Menschen,
die Gott danken für eine gute Brille,
für das elektrische Licht
oder für eine geglückte Augenoperation.
Für uns sind diese Sehhilfen so selbstverständlich,
daß wir die heilende Kraft Gottes,
die in all dem wirkt, gar nicht mehr sehen.

30. Sonntag im Jahreskreis

Wir sehen wieder (besser),
aber wir sehen den heilenden Gott nicht;
und darum sehen wir vom Eigentlichen
eigentlich nichts –
wir gehen zur Tagesordnung über und konsumieren … –
keine Spur von
„Jesus-Sehen" und „Jesus-Nachfolgen"
wie in unserem Evangelium.
Dort verläuft alles anders.

Zugegeben – damals gab es keine Optiker,
keine Augenärzte und Augenkliniken.
Aber all diese Errungenschaften
machen den Schrei nach Jesus nicht überflüssig.
Unser Blinder kennt Jesus schon vom Hörensagen.
Und er schreit, so laut er kann,
bis ihn Jesus hört, zu sich ruft und sein Auge
auf ihn wirft.
Jesus will, daß er seine Not ausspricht.

Vielleicht müßten auch wir in unserer Blindheit
noch lauter nach Jesus schreien;
vielleicht müßten wir Ballast abwerfen,
damit wir schneller zu ihm kommen;
vielleicht müßten wir erst einmal
unsere Blindheit erkennen und artikulieren;
vielleicht müßten wir erkennen,
daß unsere Leiden auf Blindheit beruhen.

30. Sonntag im Jahreskreis

Dann kann er uns heilen – und wir werden sehen.
In seinem Licht
sehen wir alles neu, anders und richtig.
Mit seinen Augen
gewinnen wir den rechten Blick für alles;
wir bekommen neue Ausblicke, Einblicke, Durchblicke –
Aussichten, Einsichten, Durchsichten …
In seinem Licht
gewinnen wir das rechte Verhältnis
zu uns selbst, zu den Menschen,
zu den Geschöpfen und zu Gott.

Wenn wir an Jesus glauben,
werden wir immer die Bestätigung
durch seine heilende Nähe erfahren;
es kann jedoch lange dauern,
bis uns das wahre Licht und die Augen dafür aufgehen.
Unser Blinder von Jericho ist so sehend geworden,
daß er nur mehr Jesus „im Auge hat",
dem er auf der Stelle nachfolgt.
Im Vergleich zu ihm waren die Jünger noch Blinde,
„*die* Blinden von Jericho".

Herr,
sei du mein Licht
und öffne mir die Augen,
damit ich dich
nie aus den Augen verliere.

31. Sonntag im Jahreskreis (Mk 12,28b–34)

„Du sollst den Herrn, deinen Gott, lieben …
Du sollst deinen Nächsten lieben wie dich selbst."

Lieben

Jesus setzt das Gebot der Nächstenliebe
dem Gebot der Gottesliebe gleich.
Beide Gebote stehen ursprünglich nicht direkt
nebeneinander.
Das Gebot der Nächstenliebe:
„Du sollst deinen Nächsten lieben wie dich selbst"
steht bei *Lev 19,18* und wird verschieden wiedergegeben:
„Du sollst deinen Nächsten lieben; denn er ist wie du …"
Martin Buber übersetzt:
„Halte lieb deinen Genossen, dir gleich. – Ich bins."
Bei allen Wiedergaben
wird die Einheit der Selbstliebe, Nächstenliebe und
Gottesliebe deutlich.
In dem ständig wiederkehrenden „Ich bins"
in der Buberschen Übersetzung wird deutlich,
was bei Johannes direkt ausgesagt ist:
„Gott ist die Liebe, und wer in der Liebe bleibt,
der bleibt in Gott, und Gott bleibt in ihm" (*1 Joh 4,16*).

31. Sonntag im Jahreskreis

Mit „Liebe" ist natürlich nicht das gemeint,
was die Medien heute darunter verstehen,
auch nicht das,
was eine materialistisch orientierte Psychologie
als „Liebe" ausgibt.
Liebe ist die Dynamik, die Urkraft,
die in jeder Beziehung wirkt.
Darum kann Martin Buber sagen:
„Gott ist Beziehung";
„alles wirkliche Leben ist Begegnung".

Wir Menschen sind fähig zu lieben,
aber nur als Antwort auf erfahrene Liebe.
Wenn der Mensch die Initiative ergreifen
und die Liebe „machen" könnte,
würde jede Religion überflüssig.
Das „Gebot der Liebe" setzt den Glauben
an das absolute Geliebtsein voraus.
Gott verlangt die Liebe,
die er selber gibt,
die er selber ist.
Er verlangt sozusagen,
daß wir seine Liebe, ihn selbst,
in uns einlassen,
durch uns hindurchlassen,
weitergeben an die Menschen und Geschöpfe
und zurückgeben an Gott.

31. Sonntag im Jahreskreis

Die Liebe ist die „Schenke"-Kraft Gottes.
Gott schenkt sich mir;
Gott schenkt mich mir,
so daß mein Ich-Selbst (= Identität)
das größte Geschenk Gottes an mich ist.
Mit dieser Schenke-Kraft
schenkt mir Gott die ganze Schöpfung:
Ich *darf* alles haben,
wenn ich seine Liebe annehme
und mit Liebe antworte.
Seine Schenke-Kraft weckt unsere Schenke-Kraft,
mit der wir uns einander und Gott schenken.
Seine Liebe weckt unsere Liebe,
die mit allen Geschöpfen und durch alle Geschöpfe
zu Gott „zurückfließt".

Dieser Beziehungskreislauf der Liebe
kommt im Ursymbol des Dreiecks zum Ausdruck:
Oben an der Spitze steht Gott,
links und rechts unten Ich und Du.
Die Liebe ist immer ein Dreieck:
Selbstliebe, Nächstenliebe, Gottesliebe
gehören so zusammen wie die drei Ecken beim Dreieck.
„Wer sagt, er liebe Gott, haßt aber seinen Bruder,
ist ein Lügner" *(1 Joh 4,20)*.
„Was ihr dem Geringsten meiner Brüder (nicht)
getan habt, das habt ihr mir (nicht) getan" *(Mt 25,40)*.

31. Sonntag im Jahreskreis

Besonders in früherer Zeit
wurde auf die Selbstliebe zu wenig geachtet.
Doch „wer sich selbst nicht mag,
der mag auch keine anderen" *(Anton Kner)*.
Wer sich selbst nicht mag,
macht es den anderen sehr, sehr schwer,
ihn zu mögen.
Es ist wohl das Schwerste,
sich selbst so zu nehmen, wie man ist –
ohne Beschönigung, ohne „Narkose".
Je mehr einer sich selbst erkennt,
um so mehr wird er auch erkennen,
wie sehr er auf das bedingungslose Geliebtsein
von Gott angewiesen ist.

Wer an die absolute Liebe glaubt,
braucht vor seiner „Erbärmlichkeit"
nicht mehr zu erschrecken.
Sie führt ihn zu einer tiefen Gottesbeziehung
und gleichzeitig zu einer großen Barmherzigkeit
sich selbst und den Mitgeschöpfen gegenüber.
Menschen, die die Notwendigkeit der Selbstliebe
„… daß es *mir* gut geht"
als Egoismus bezeichnen,
sind mit sich selbst, mit den Menschen und Geschöpfen
und mit Gott noch nicht „ins Reine" gekommen.

31. Sonntag im Jahreskreis

Gott ist die Liebe;
Gott ist der Ursprung der Liebe.
Wer Liebeskummer hat, soll sich an ihn wenden
und nicht von Menschen verlangen,
daß sie die Liebe wieder „machen" sollen.
Liebeskummer ist ein Anlaß,
einmal gründlicher über „Liebe" nachzudenken
und nachzusinnen.
Bewährte Hilfen dazu sind der 1. Johannesbrief
und das 13. Kapitel des 1. Korintherbriefs von Paulus.

Herr,
gib mir irgendeinen Anstoß deiner Liebe,
wenn mir die Liebe ausgegangen ist.

32. Sonntag im Jahreskreis (Mk 12,38–44)

„Diese arme Witwe hat mehr in den Opferkasten
hineingeworfen als alle anderen."

Sich hingeben

Wenn man die Begebenheit des heutigen Evangeliums
nur oberflächlich betrachtet,
stößt man gewiß auf manche Fragwürdigkeiten,
z.B. ob ich meinen ganzen Lebensunterhalt opfern darf,
wenn ich dann auf Betteln oder Sozialhilfe angewiesen
bin.
Aber Jesus will an diesem Beispiel
den grundlegenden Unterschied
zwischen seiner Gottesvorstellung und seinem
Gottesverhältnis im Gegensatz zur
pharisäischen Frömmigkeit deutlich machen.
(„Pharisäisch" ist hier und im Folgenden psychologisch
zu verstehen, nicht moralisch!)

Der Pharisäer gibt *etwas ab* mit seiner Spende;
die arme Witwe gibt *sich hin* mit ihren Pfennigen.
Im Gegensatz Ab-gabe und Hin-gabe
ist der wesentliche Unterschied
zwischen pharisäischer Gläubigkeit und Frömmigkeit

32. Sonntag im Jahreskreis

und christlicher Gläubigkeit und Frömmigkeit
deutlich gemacht,
wenn auch die Praxis viele Mischformen zeigt.

Für den Pharisäer ist Gott
in erster Linie „Partner".
Das Verhältnis zu ihm ist geregelt
durch Gesetz und Gebot,
durch einen „Bund".
Die Sünde besteht in der Gesetzesübertretung,
im Bruch der Bundestreue.
Der Bund muß immer wieder erneuert werden.

Durch die Erfüllung der religiösen Pflichten,
durch die Leistung seiner Abgaben,
schafft sich der vorwiegend pharisäische Gläubige
eine gesicherte Position gegenüber dem Partner:
Ich habe meine Pflichten erfüllt gegenüber Gott,
also kann er mir nichts mehr anhaben;
ich bin abgesichert „gegen" Gott
und kann angstfrei leben.

Jesus hat diese Position
in der Bergpredigt total gesprengt –
nicht nur mit dem Gebot der Feindesliebe,
sondern durch die totale Überziehung des Gesetzes:
Wenn ich schon wegen eines Schimpfnamens
dem Gericht verfallen bin,

32. Sonntag im Jahreskreis

oder wenn ich schon ein Ehebrecher bin,
weil ich eine Frau lüstern angeschaut habe,
dann ist ein Halten des Gesetzes und der Gebote
schlechterdings nicht mehr möglich.
Der Pharisäer aber, der meint,
daß er alles richtig macht,
wiegt sich in „selbstgerechter" Zufriedenheit,
wenn er seinen Egoismus auslebt
und „Witwen" um ihre Häuser bringt.

Der Pharisäismus ist uns allen angeboren,
wenn auch die Geborgenheit in der Liebe
unserer Sehnsucht mehr entspricht
als die „Geborgenheit" in der Buchstabengerechtigkeit.

Auch im christlichen Bereich kann man hören:
„Der Mensch ist Partner Gottes" oder
„Gott ist in Jesus unser Bruder geworden".
„Partner" und „Bruder" besagen einen wichtigen
Teilaspekt
unserer Frömmigkeit und unserer Gottesvorstellung:
nämlich, daß Gott unsere Freiheit,
die er uns gegeben hat,
in jedem Fall achtet.
Der Begriff Partner, Teilhaber, verlangt zudem
etwas Drittes, woran wir beide teilhaben.
Woran soll ich mit Gott beteiligt sein,
wenn nicht an seiner Liebe und an meiner Erlösung!

32. Sonntag im Jahreskreis

Der Jesusgott ist vorwiegend
nicht mehr „Partner", sondern „Abba",
liebender Vater, mütterlicher, barmherziger Vater.
Ich bin in erster Linie auch nicht mehr Partner,
sondern „Kind" dieses liebenden Vaters,
der mich bedingungslos und unverlierbar liebt,
vor dem ich nie Angst zu haben brauche,
auch wenn mir das Gebotehalten oft nicht gelingt.
Die Angstlosigkeit und das Urvertrauen
gründen nicht in meiner pharisäischen Richtigkeit,
sondern in der Liebe des allbarmherzigen Vaters.

Die Sünde diesem Gott gegenüber heißt
Zweifel, Angst und Mißtrauen.
Diese Sünde zeigt sich auch
in der Übertretung von Geboten;
aber sie ist wesentlich etwas anderes
als Legalismus.

Die Überwindung dieser Sünde geschieht dadurch,
daß ich mich immer wieder ganz und gar
dem mütterlichen Vater als sein Kind in die Arme werfe.
Die Partnervorstellung
darf die Vater-Mutter-Kind-Dimension
nie überlagern.

Die Witwe gibt mit den zwei Münzen
ihren ganzen Lebensunterhalt:

32. Sonntag im Jahreskreis

Sie gibt *alles;*
sie gibt *sich* hin;
sie gibt sich Gott hin,
der ihr ewiger Lebens-Unterhalt geworden ist.

Herr,
gib mir einen starken Glauben
an deine grenzenlose Liebe,
damit ich mich immer wieder
vor-behalt-los dir anvertrauen kann.

33. Sonntag im Jahreskreis (Mk 13,24–32)

„Himmel und Erde werden vergehen,
aber meine Worte werden nicht vergehen."

Gott, der Kommende

Gegen Ende des Kirchenjahres
lädt uns das Evangelium ein,
über Zeit und Ewigkeit
und über das Ziel des Weltenlaufes und unseres Lebens
nachzudenken.

Das heutige Evangelium ist dasselbe
wie am Anfang des Kirchenjahres.
Schon dadurch wird die Einheit
von Anfang und Ende zum Ausdruck gebracht.
Im kleinen wie im großen ist jedes Ziel,
das wir erreichen,
immer auch ein neuer Anfang.
Das ist der Keim unserer Hoffnung,
daß jedes Ende einen Anfang in sich birgt,
auch wenn wir ihn erst entdecken können,
wenn wir „ganz am Ende" sind.
Wir wollen immer den Anfang *vor* dem Ende sehen,
und das geht nicht.

33. Sonntag im Jahreskreis

Unser Lebensprinzip ist die Hoffnung,
nicht die Erfüllung.
Erfüllung ist die Frucht der Hoffnung,
und aus dieser Frucht keimt wieder neue Hoffnung.
Zudem gibt uns Jesus die Hoffnung,
daß jedes Ende, jede „Endung",
immer auch „Vollendung" ist.
Das biblische Wort hierfür ist „Ernte".
Ernte ist das Ende einer Wachstumsphase,
das Ende, das viele neue Lebenskeime in sich birgt.

Man kann den Verlauf des Wirklichen
mit einer Spirale vergleichen:
Die Spirale vereint die Kreisbewegung
mit dem linearen Fortschritt:
Immer wieder komme ich an dieselbe Stelle;
immer wieder gelange ich an das Ziel,
aber immer ein Stückchen weiter.
Der rote Faden,
der alle Enden und Anfänge durchzieht und vereint,
ist das „ewige Leben", die ewige Liebe – Gott –
Jesus – das Wort Gottes.

Wir leben als zeitliche Wesen in der Zeit,
mit Vergangenheit und Zukunft,
die sich in jedem Augenblick der Gegenwart berühren.
Die Zukunft interessiert uns besonders,
weil sie unsere Fort-Schritte bestimmt.

33. Sonntag im Jahreskreis

Die Frage nach der „letzten Zukunft",
nach unserem Ende und nach dem Weltende
hält uns ständig in Atem.
Was wird sein, wenn …
… wenn die zeitliche Welt am zeitlichen Ende
angelangt sein wird?

Es ist durchaus denkbar,
daß das Weltende nicht nur kosmisch bedingt ist,
sondern auch vom Wahnsinn des Menschen
mitbestimmt wird.
Was wird sein, wenn das Weltende da ist? –
Gott wird kommen.
Gott, der durch Jesus schon auf die Welt kam,
wird wieder kommen.
Gott, Jahwe, ist der, „der immer *da* ist".

Insofern ist er der immer da Gewesene,
der immer da Seiende
und der immer Kommende.
Gott wird *immer* wiederkommen;
Gott wird immer *wieder* kommen.
Er wird vollenden (= „richten"), beenden und
neu beginnen.
Die Hoffnung auf den „immer wieder kommenden" Gott
haben wir nicht nur für das *Welt*ende,
sondern für alle Stellen in unserem Leben,
wo wir „ganz am Ende" sind.

33. Sonntag im Jahreskreis

Bei all unseren bangen Fragen:
Was wird sein, wenn …
können wir von vorneherein antworten:
Gott wird kommen.

Schwierigkeit macht uns manchmal die Vorstellung,
daß er „nur"(?) „die von ihm Auserwählten"
zusammenführen wird. –
Was ist mit den anderen!?
Wir kennen auch das Wort:
„Denn viele sind gerufen,
aber nur wenige auserwählt" (Mt 22,14).
Es gibt Leute, die dieses Wort als Beweis dafür sehen,
daß am Ende die meisten Menschen
in die Hölle kommen, und sie haben Angst,
daß sie nicht zu den „Auserwählten" gehören.

Man kann dieses Wort aber genauso positiv auslegen:
Gott ist die Liebe,
und er liebt grundsätzlich die „Vielen";
das sind alle Menschen,
sofern sie noch nicht „geeint" sind.
Gott liebt aber auch jeden Menschen
ganz *persönlich* und *einmalig*;
das ist die „Auserwählung".
Bei Gott ist das möglich, was für uns unmöglich ist:
daß nämlich am Ende *alle* Auserwählte,
also einmalig und persönlich Geliebte, sind.

33. Sonntag im Jahreskreis

In unserer jetzigen Weltzeit sind es jedoch
verhältnismäßig wenige,
bei denen sich das einmalig persönliche Geliebtsein
von Gott schon durchgesetzt hat.
Aber am Ende, so hoffen wir,
wird es bei allen der Fall sein;
da gibt es nur mehr „die von ihm Auserwählten",
die von ihm ewig einmalig Geliebten.
Andere deuten das fragliche Wort so:
Alle im Volk Gottes sind berufen,
aber nur wenige auserwählt
für bestimmte Rollen und Ämter.

Immer trostreich ist auch
der paradoxe Vergleich mit dem Feigenbaum:
Die Zeichen des Untergangs
sollen wir deuten als Zeichen eines neuen Lebens.
Der Tod wird umgedeutet als Lebenszeichen.
Das Ende ist das sicherste Zeichen
für einen neuen Anfang.
Wenn ich keine Angst mehr habe vor dem Ende,
bin ich nicht mehr „am Ende".

Herr,
nimm mir die Angst,
wenn etwas oder alles zu Ende geht;
gib mir die Hoffnung,
daß es kein Ende ohne neuen Anfang gibt.

CHRISTKÖNIGSSONNTAG (JOH 18,33B–37)

„Du sagst es, ich bin ein König."

Macht ausüben

Sowohl die Weltgeschichte
als auch die Lebensgeschichte jedes Menschen
ist eine Geschichte von Macht-Kämpfen.
Man kann die Wurzel aller Menschen- und
Menschheitsprobleme
im Macht-Problem erblicken.
Um dies deutlicher zu sehen, ist es hilfreich,
unserem Sprachgebrauch
der Worte „machen" und „Macht" nachzuspüren.
„Macht-haber", „Macht-Verlust", Macht-Gewinn" …
Ich „mache" das; es „macht" nichts; es „macht" Sinn …)

Es gibt eine Macht, die alles „fertig" macht,
und eine Macht, die alles vollendet;
es gibt die Macht der Gewalt
und die Macht der Gewaltlosigkeit,
die „Macht der Liebe".
Diese gegensätzlichen Pole der Macht
durchziehen die ganze „Heilsgeschichte" in der Bibel,
dargestellt in „Baal" und „El".

CHRISTKÖNIGSSONNTAG

„Baal" ist der „Gott dieser Welt",
der Gott der weltlichen Macht.
„El" ist der „Gott des Seins", der „immer da ist",
kurz und vereinfacht gesagt: der Gott der Liebe,
oder *die* Liebe als Urkraft des Lebens.
Diese beiden Machtbereiche stehen sich nicht
horizontal gegenüber,
sondern vertikal: die Macht von unten,
die „Macht von oben".

In der Szene Jesus vor Pilatus
finden diese Mächte personhaften Ausdruck.
(Es lohnt sich, dieser Szene in vollem Umfang
nachzuspüren und im Evangelium nachzulesen:
Joh 18,28–19,16)

Im Bereich und in der Weise der „Macht-Ausübung"
offenbart sich die Ur-Sünde des Menschen,
der selbst erklärt, was gut und böse ist.
Denn kein Mensch wird etwas tun,
was für ihn – subjektiv gesehen – böse ist.
Auch der Bankräuber hat für sein Verbrechen
„gute Gründe".

Der Mensch orientiert sich nicht mehr an der Liebe selbst,
am „lebendigen Gott",
sondern an seinen subjektiven Bedürfnissen.
Er „macht" Gut und Böse

CHRISTKÖNIGSSONNTAG

nach Maßgabe seiner ungehemmten Triebe
und sieht Gut und Böse nicht mehr
als vorgegebene ewige Werte (und Unwerte),
die es zu entdecken und zu entlarven gilt.
Von da gesehen, kann man das Wesen
der Ur-Sünde als Selbstbetrug erkennen,
veranlaßt durch Zweifel, Angst und Mißtrauen
gegenüber dem Schöpfer,
mit dem der Mensch bislang
vertrauensvoll auf „Du und Du" gestanden hat.

Der Selbstbetrug liegt in der Ideologiebildung.
Mit meiner Vernunft erkläre ich etwas für gut,
und dann „nehme ich mir das Recht",
„mit allen Mitteln" *meine* Macht auszuüben,
um das von mir als gut Erklärte zu tun.
So kommt es im großen wie im kleinen
zu den „heiligen Kriegen", in denen sich die Menschen
mit „gutem Gewissen" grausam vernichten.
So kommt es zu den haarsträubendsten Paradoxien der
Menschheit,
daß Menschen für den Frieden Krieg führen,
ja Krieg führen „müssen",
und daß Menschen für die Gewaltlosigkeit
mit Gewalt kämpfen ... „müssen".

Pilatus weist den „ohnmächtigen König" Jesus darauf hin,
daß *er* die Macht über sein Leben und seinen Tod habe.

CHRISTKÖNIGSSONNTAG

Jesus sagt: Diese Macht hast du nicht selbst;
sie ist dir „von oben" gegeben.
Auch die Macht der Gewalt ist „von oben",
von Gott gegeben.
„Macht der Liebe", „Macht der Gewalt", –
beides von Gott gegeben ... wie geht das zusammen?
(Ein Beispiel, wie hier die Ideologien aufeinanderprallen,
finden wir in der Kirchengeschichte im Investiturstreit.)

Jesus sagt selbst einmal:
Nur die Gewalt anwenden, reißen das Himmelreich
an sich (Mt 11,12).
Das Lösungswort ist wieder „Liebe":
Die Macht der Liebe, die Macht der Gewaltlosigkeit,
muß die Macht der Gewalt erlösen
und ganz der Liebe dienstbar machen.
Nun taucht das alte Problem wieder auf:
Wer sagt mir, ob ich bei meiner Gewalt-Anwendung
tatsächlich aus Liebe handle,
oder ob ich wieder einer Ideologie aufsitze
und fundamentalistisch handle,
ohne daß es mir bewußt ist?
Woher weiß ich, daß mein Wille
mit dem Willen Gottes übereinstimmt?
Diese Frage führt zur nächsten Frage,
die mit der Vernunft allein
nicht mehr beantwortet werden kann:
Was ist Wahrheit?

CHRISTKÖNIGSSONNTAG

Im heutigen Abschnitt des Evangeliums sagt Jesus selbst,
warum er in die Welt gekommen
und Gott Mensch geworden ist:
um für die Wahrheit Zeugnis abzulegen.
Er selbst ist die lebendige Wahrheit;
„Wahrheit" ist nicht Ideologie;
Wahrheit ist „Person"
und kann nur „personal", liebend, gefunden werden.
Es muß einer aber schon „aus der Wahrheit sein",
damit er „die Stimme" Jesu hören kann.
Wenn ich an die absolute Liebe glaube,
dann kann ich durch eine lebendige Jesusbeziehung
in jeder Lebenssituation
immer wieder neu, aktuell und pragmatisch
„das Wahre" finden.
Wahrheit ist Liebe.
Wahrheit, die nicht aus Liebe kommt,
ist wahrhaftig keine Wahrheit.

Herr,
zu uns komme dein Reich –
das Reich der Wahrheit und des Lebens,
das Reich der Heiligkeit und Gnade,
das Reich der Gerechtigkeit, der Liebe und des Friedens.
(Präfation vom Christkönigssonntag)

INHALTSÜBERSICHT

	Somn-/Festtag	Schrifttext	Thema	Seite
Advent	1. Adventssonntag	Mk 13,24–44: „Seid also wachsam! Denn ihr wißt nicht, wann der Hausherr kommt."	Auf Gott hoffen	11
	2. Adventssonntag	Mk 1,1–8: „Bereitet dem Herrn den Weg!"	Gott kommen lassen	15
	3. Adventssonntag	Joh 1,6–8.19–28: Mitten unter euch steht der, den ihr nicht kennt."	Gott erkennen	19
	4. Adventssonntag	Lk 1,26–38: Du wirst ein Kind empfangen, einen Sohn wirst du gebären."	Fruchtbar werden	23
Weihnachts- zeit	Weihnachten – Heiliger Abend	Mt 1,1–25: Stammbaum Jesu Christi, des Sohnes Davids, des Sohnes Abrahams.	Ab-stammen	26
	Weihnachten – Heilige Nacht	Lk 2,1–14: Auf Erden ist Frieden bei den Menschen seiner Gnade."	Verwandelt werden	30
	Weihnachten – Am Tag	Joh 1,1–18: Im Anfang war das Wort.	Eins sein	33

INHALTSÜBERSICHT

Weihnachts-zeit	Weihnachten – Fest des Hl. Stephanus	Apg 6,8–10; 7,54–60: „Ich sehe den Himmel offen."	In den Himmel schauen	37
	Sonntag in der Weihnachtsoktav – Fest der Heiligen Familie	Lk 2,22–40: Das Kind wuchs heran … Gott erfüllte es mit Weisheit.	Heilig sein	41
	Oktavtag von Weihnachten – Maria Gottesmutter	Lk 2,16–21: Die Hirten kehrten zurück, rühmten Gott und priesen ihn …	Gott loben	45
	2. Sonntag nach Weihnachten	Joh 1,1–18: Im Anfang war das Wort.	Sinn finden	49
	Hochfest Erscheinung des Herrn	Mt 2,1–12: Sie gingen in das Haus und sahen das Kind und Maria, seine Mutter.	Das Kind finden	53
	Sonntag nach dem 6. Januar – Taufe des Herrn	Mk 1,7–11: „Er aber wird euch mit dem Heiligen Geist taufen."	Neu geboren werden	57

	Sonn-/Festtag	Schrifttext	Thema	Seite
Fastenzeit	Aschermittwoch	Mt 6,1–6.16–18: „Du aber geh in deine Kammer, wenn du betest, und schließ die Tür zu."	In sich gehen	61
	Erster Fastensonntag	Mk 1,12–15: Er lebte bei den wilden Tieren.	Bewährt sein	65
	Zweiter Fastensonntag	Mk 9,2–10: Aus der Wolke rief eine Stimme: Das ist mein geliebter Sohn.	Durchblicken können	69
	Dritter Fastensonntag	Joh 2,13–25: „Reißt diesen Tempel nieder, in drei Tagen werde ich ihn wieder aufrichten."	Gott im Menschen suchen	74
	Vierter Fastensonntag	Joh 3,14–21: „Gott hat seinen Sohn nicht in die Welt gesandt, damit er die Welt richtet, sondern damit die Welt durch ihn gerettet wird."	Gerichtet werden	78
	Fünfter Fastensonntag	Joh 12,20–33: Wenn das Weizenkorn in die Erde fällt und stirbt, bringt es reiche Frucht."	Im Tod das Leben finden	81
	Palmsonntag	Mk 11,1–10: Gesegnet sei er, der kommt im Namen des Herrn."	Mit Jesus mitgehen	85

Inhaltsübersicht

Fastenzeit	Gründonnerstag	1 Kor 11,23–26: „Tut dies, sooft ihr daraus trinkt, zu meinem Gedächtnis."	Gedächtnis feiern	89
	Karfreitag	Jes 52,13—53,12: Zu unserem Heil lag die Strafe auf ihm, durch seine Wunden sind wir geheilt.	Wunden heilen Wunden	94
Osterzeit	Osternacht	Mk 16,1—7: „Ihr sucht Jesus von Nazaret, den Gekreuzigten. Er ist auferstanden."	Erschreckt werden	99
	Ostersonntag	Joh 20,1–18: Er sah und glaubte.	Spuren suchen – Spuren lesen	103
	Ostermontag	Lk 24,13–35: Sie sprachen miteinander über all das, was sich ereignet hatte	Gedanken austauschen	107
	Zweiter Sonntag der Osterzeit – Weißer Sonntag	Joh 20,19–31: „Selig sind, die nicht sehen und doch glauben."	Blind glauben?	111
	Dritter Sonntag der Osterzeit	Lk 25,35–48: „Faßt mich doch an, und begreift: Kein Geist hat Fleisch und Knochen."	Das Unbegreifliche begreifen	115
	Vierter Sonntag der Osterzeit	Joh 10,11–18: „Der gute Hirte gibt sein Leben hin für die Schafe."	Für das Leben „gerne" sterben	120

	Sonn-/Festtag	Schrifttext	Thema	Seite
Osterzeit	Fünfter Sonntag der Osterzeit	Joh 15,1–8: „Wer in mir bleibt und in wem ich bleibe, der bringt reiche Frucht."	Gut dran sein	124
	Sechster Sonntag der Osterzeit	Joh 15,9–17: „Vielmehr habe ich euch Freunde genannt."	Die Freude in sich haben	128
	Christi Himmelfahrt	Apg 1,1–11: „Was steht ihr da und schaut zum Himmel empor?"	Nachsichtig und vorsichtig werden	132
	Siebter Sonntag der Osterzeit	Joh 17,6a.11b–19: „Bewahre sie in deinem Namen, den du mir gegeben hast, damit sie eins sind wie wir."	Geeint werden – eins sein	137
	Pfingsten	Apg 2,1–11: Alle wurden mit dem Heiligen Geist erfüllt.	Belebt werden, lebendig sein	142
	Pfingstmontag	Lk 10,21–24: „Selig, die sehen, was ihr seht, und hören, war ihr hört."	Christlich „gebildet" sein	147
Herrenfeste im Jahreskreis	Dreifaltigkeitssonntag	Mt 28,16–20: „Macht alle Menschen zu meinen Jüngern."	Machen lassen	152
	Hochfest des Leibes und Blutes Christi– Fronleichnam	Mk 14,12–16.22–26: „Das ist mein Leib. … Das ist mein Blut, das Blut des Bundes."	Gegenwärtig sein	157

INHALTSÜBERSICHT

Jahreskreis	Hochfest des Heiligsten Herzens Jesu	Joh 19,31–37: Einer der Soldaten stieß mit einer Lanze in seine Seite, und sogleich floß Blut und Wasser heraus.	Blut vergießen	161
	2. Sonntag im Jahreskreis	Joh 1,35–42: Sie folgten Jesus und sahen, wo er wohnte, und blieben jenen Tag bei ihm.	Bei sich selbst zu Hause sein	165
	3. Sonntag im Jahreskreis	Mk 1,14–20: „Kehrt um und glaubt an das Evangelium!"	Selbständig glauben	169
	4. Sonntag im Jahreskreis	Mk 1,21–28: Er lehrte sie wie einer, der göttliche Vollmacht hat	Vollmacht haben	173
	5. Sonntag im Jahreskreis	Mk 1,29–39: Er heilte viele, die an allen möglichen Krankheiten litten.	Behandelt werden und behandeln	177
	6. Sonntag im Jahreskreis	Mk 1,40–45: Im gleichen Augenblick verschwand der Aussatz, und der Mann war rein.	„Rein" werden	181
	7. Sonntag im Jahreskreis	Mk 2,1–12: „Ihr sollt aber erkennen, das der Menschensohn die Vollmacht hat, hier auf der Erde Sünden zu vergeben."	Ent-schuldigt werden – sich ent-schuldigen	186

	Sonn-/Festtag	Schrifttext	Thema	Seite
Jahreskreis	8. Sonntag im Jahreskreis	Mk 2,18–22: „Der Bräutigam ist bei ihnen."	Immer wieder Hochzeit feiern	191
	9. Sonntag im Jahreskreis	Mk 2,23–3,6: „Der Sabbat ist für den Menschen da, nicht der Mensch für den Sabbat."	Hauptsache: mir geht es gut	195
	10. Sonntag im Jahreskreis	Mk 3,20–35: „Das Reich des Satans hat keinen Bestand."	Sich ändern müssen	199
	11. Sonntag im Jahreskreis	Mk 4,26–34: „Das kleinste von allen Samenkörnern geht auf und wird größer als alle anderen Gewächse."	Wachsen lassen	204
	12. Sonntag im Jahreskreis	Mk 4,35–41: „Was ist das für ein Mensch, daß ihm sogar der Wind und der See gehorchen?"	Gott erwecken	208
	13. Sonntag im Jahreskreis	Mk 5,21–43: „Mädchen, ich sage dir, steh auf!"	Jesus unterwegs begegnen	213
	14. Sonntag im Jahreskreis	Mk 6,1b–6: Nirgends hat ein Prophet so wenig Ansehen wie in seiner Heimat.	Voreingenommen sein – vorbehaltlos werden	218
	15. Sonntag im Jahreskreis	Mk 6,7–13: Er begann, die Zwölf auszusenden	Den Glauben verbreiten	222

Inhaltsübersicht

Jahreskreis			
16. Sonntag im Jahreskreis	Mk 6,30–34: Sie waren wie Schafe, die keinen Hirten haben.	Geführt werden – führend werden	227
17. Sonntag im Jahreskreis	Joh 6,1–15: Jesus teilte an die Leute aus, soviel sie wollten.	Gespeist werden	232
18. Sonntag im Jahreskreis	Joh 6,24–35: „Ich bin das Brot des Lebens."	Brot geben – Brot sein	237
19. Sonntag im Jahreskreis	Joh 6,41–51: „Wer von diesem Brot ißt, wird in Ewigkeit leben."	Das ewige Leben in sich haben	242
20. Sonntag im Jahreskreis	Joh 6,51–58: „Mein Fleisch ist wirklich eine Speise, und mein Blut ist wirklich ein Trank."	Jesus „ein-speisen"	247
21. Sonntag im Jahreskreis	Joh 6,60–69: „Der Geist ist es, der lebendig macht; das Fleisch nützt nichts."	Jesus „ein-vernehmen"	252
22. Sonntag im Jahreskreis	Mk 7,1–8.14–15.21–23: „Ihr gebt Gottes Gebot preis und haltet euch an die Überlieferung der Menschen."	Was (nicht) von Herzen kommt	257

INHALTSÜBERSICHT

	Sonn-/Festtag	Schrifttext	Thema	Seite
Jahreskreis	23. Sonntag im Jahreskreis	Mk 7,31–37: „Er macht, daß die Tauben hören und die Stummen sprechen".	Berührt werden und berühren	262
	24. Sonntag im Jahreskreis	Mk 8,27–35: „Du bist der Messias!" Dann begann er, sie darüber zu belehren, der Menschensohn müsse vieles erleiden.	Gewinnen durch verlieren	267
	25. Sonntag im Jahreskreis	Mk 9,30–37: „Wer der Erste sein will, soll der Letzte von allen und der Diener aller sein."	Der Freude dienen	273
	26. Sonntag im Jahreskreis	Mk 9,38–43.45.47–48: „Denn wer nicht gegen uns ist, der ist für uns. Wenn dich deine Hand zum Bösen verführt, dann hau sie ab."	Konsequent sein	279
	27. Sonntag im Jahreskreis	Mk 10,2–16: „Was aber Gott verbunden hat, das darf der Mensch nicht trennen."	Durch Trauen treu werden	284
	28. Sonntag im Jahreskreis	Mk 10,17–30: Verkaufe, was du hast, … und folge mir nach."	Jesus nachfolgen	290

Inhaltsübersicht

Jahreskreis			
29. Sonntag im Jahreskreis	Mk 10,35–45: „Der Menschensohn ist gekommen, um sein Leben hinzugeben als Lösegeld für viele."	Getauft werden – den Kelch trinken	295
30. Sonntag im Jahreskreis	Mk 10,46–52: „Rabbuni, ich möchte wieder sehen können."	Jesus im Auge haben	300
31. Sonntag im Jahreskreis	Mk 12,28b–34: „Du sollst den Herrn, deinen Gott lieben … Du sollst deinen Nächsten lieben wie dich selbst."	Lieben	304
32. Sonntag im Jahreskreis	Mk 12,38–44: „Diese arme Witwe hat mehr in den Opferkasten hineingeworfen als alle anderen."	Sich hingeben	309
33. Sonntag im Jahreskreis	Mk 13,24–32: „Himmel und Erde werden vergehen, aber meine Worte werden nicht vergehen."	Gott, der Kommende	314
Christkönigs- sonntag	Joh 18,33b–37: „Du sagst es, ich bin ein König."	Macht ausüben	319

Übersicht der Sonntage und beweglichen Hochfeste und Feste

Lesejahr B	1999/2000	2002/03	2005/6
1. Adventssonntag	28.11.	1.12.	27.11.
2. Adventssonntag	5.12.	8.12.	4.12.
3. Adventssonntag	12.12.	15.12.	11.12.
4. Adventssonntag	19.12.	22.12.	18.12.
Weihnachten	25.12.	25.12.	25.12.
Sonntag in der Weihnachtsoktav – Fest der Hl. Familie	26.12.	29.12.	30.12.
Oktavtag von Weihnachten – Maria Gottesmutter	1.1.	1.1.	1.1.
2. Sonntag nach Weihnachten	2.1.	5.1.	–
Erscheinung des Herrn	6.1.	6.1.	6.1.
Sonntag nach Erscheinung des Herrn – Taufe des Herrn	9.1.	12.1.	8.1.
Aschermittwoch	8.3.	5.3.	1.3.
1. Fastensonntag	12.3.	9.3.	5.3.
2. Fastensonntag	19.3	16.3.	12.3.
3. Fastensonntag	26.3.	23.3.	19.3
4. Fastensonntag	2.4.	30.3.	26.3.
5. Fastensonntag	9.4.	6.4.	2.4.
Palmsonntag	16.4.	13.4.	9.4.
Gründonnerstag	20.4.	17.4.	13.4.
Karfreitag	21.4.	18.4.	14.4.
Ostersonntag	23.4.	20.4.	16.4.
Ostermontag	24.4	21.4.	17.4.

Übersicht der Sonntage, bewegl. Hochfeste und Feste

Lesejahr B	1999/2000	2002/03	2005/6
2. Sonntag der Osterzeit	30.4.	27.4	23.4.
3. Sonntag der Osterzeit	7.5.	4.5.	30.4.
4. Sonntag der Osterzeit	14.5.	11.5.	7.5.
5. Sonntag der Osterzeit	21.5.	18.5.	14.5.
6. Sonntag der Osterzeit	28.5.	25.5.	21.5.
Christi Himmelfahrt	1.6.	29.5.	25.5.
7. Sonntag der Osterzeit	4.6.	1.6.	28.5.
Pfingsten	11.6.	8.6.	4.6.
Pfingstmontag	12.6.	9.6.	5.6.
Dreifaltigkeitssonntag	18.6.	15.6.	11.6.
Fronleichnam	22.6.	19.6.	15.6.
Herz-Jesu-Fest	30.6.	27.6.	23.6.
2. Sonntag im Jahreskreis	16.1.	19.1.	15.1.
3. Sonntag im Jahreskreis	23.1.	26.1.	22.1.
4. Sonntag im Jahreskreis	30.1.	2.2.	29.1.
5. Sonntag im Jahreskreis	6.2.	9.2.	5.2.
6. Sonntag im Jahreskreis	13.2.	16.2.	12.2.
7. Sonntag im Jahreskreis	20.2.	23.2.	19.2.
8. Sonntag im Jahreskreis	27.2.	2.3.	26.2.
9. Sonntag im Jahreskreis	5.3.	–	–
10. Sonntag im Jahreskreis	–	–	–
11. Sonntag im Jahreskreis	–	–	18.6.
12. Sonntag im Jahreskreis	25.6.	22.6.	25.6.
13. Sonntag im Jahreskreis	2.7.	29.6.	2.7.
14. Sonntag im Jahreskreis	9.7.	6.7.	9.7.
15. Sonntag im Jahreskreis	16.7.	13.7.	16.7.
16. Sonntag im Jahreskreis	23.7.	20.7.	23.7.

ÜBERSICHT DER SONNTAGE, BEWEGL. HOCHFESTE UND FESTE

Lesejahr B	1999/2000	2002/03	2005/6
17. Sonntag im Jahreskreis	30.7.	27.7.	30.7.
18. Sonntag im Jahreskreis	6.8.	3.8.	6.8.
19. Sonntag im Jahreskreis	13.8.	17.8.	20.8.
20. Sonntag im Jahreskreis	20.8.	18.8.	14.8.
21. Sonntag im Jahreskreis	27.8.	24.8.	27.8.
22. Sonntag im Jahreskreis	3.9.	31.8.	3.9.
23. Sonntag im Jahreskreis	10.9.	7.9.	10.9.
24. Sonntag im Jahreskreis	17.9.	14.9.	17.9.
25. Sonntag im Jahreskreis	24.9.	21.9.	24.9.
26. Sonntag im Jahreskreis	1.10.	28.9.	1.10.
27. Sonntag im Jahreskreis	8.10.	5.10.	8.10.
28. Sonntag im Jahreskreis	15.10.	12.10.	15.10.
29. Sonntag im Jahreskreis	22.10.	19.10.	22.10.
30. Sonntag im Jahreskreis	29.10.	26.10.	29.10.
31. Sonntag im Jahreskreis	5.11.	2.11.	5.11.
32. Sonntag im Jahreskreis	12.11.	9.11.	12.11.
33. Sonntag im Jahreskreis	19.11.	16.11.	19.11.
Christkönigssonntag	26.11.	23.11.	26.11.